费尔巴哈文集

第 8 卷

# 论唯灵主义和唯物主义

## 特别是从意志自由方面着眼

张大同 译

商务印书馆
创于1897 The Commercial Press

Ludwig Feuerbach
**ÜBER SPIRITUALISMUS UND MATERIALISMUS,
BESONDERS IN BEZIEHUNG AUF DIE WILLENSFREIHEIT**

本书根据苏联国家政治书籍出版社1955年
俄文版《费尔巴哈哲学著作选集》译出

# 文 献 说 明

## 一、本文集主要依据的费尔巴哈著作集

1. 德文版《费尔巴哈全集》第1版

费尔巴哈的著作在其在世时曾以单行本、小册子及各种文集的形式出版,其本人于1846年着手编纂并出版自己的全集(莱比锡,由奥托·维甘德[Otto Wigand]出版),截至1866年共出版10卷,该版通常被称为《费尔巴哈全集》第1版。

第1版10卷卷名如下:

第1卷 *Erläuterungen und Ergänzungen zum Wesen des Christenthums*(1846)

第2卷 *Philosophische Kritiken und Grundsätze*(1846)

第3卷 *Gedanken über Tod und Unsterblichkeit*(1847)

第4卷 *Geschichte der neuern Philosophie von Bacon von Verulam bis Benedict Spinoza*(1847)

第5卷 *Darstellung, Entwicklung und Kritik der Leibnitz'schen Philosophie*(1848)

第6卷 *Pierre Bayle*(1848)

第7卷 *Das Wesen des Christenthums*(1849)

第 8 卷 *Vorlesungen über das Wesen der Religion*(1851)

第 9 卷 *Theogonie nach den Quellen des classischen, hebräischen und christlichen Alterthums*(1857)

第 10 卷 *Gottheit, Freiheit und Unsterblichkeit vom Standpunkte der Anthropologie*(1866)

2. 德文版《费尔巴哈全集》第 2 版

1903 年费尔巴哈的友人 W. 博林(W. Bolin)和 F. 约德尔(F. Jodl)为纪念费尔巴哈 100 周年诞辰(1904 年)，从 1903 年到 1911 年，整理出版了 10 卷本的《费尔巴哈全集》(斯图加特，弗罗曼出版社[Frommann])。这部全集通常被称为《费尔巴哈全集》第 2 版，它比《费尔巴哈全集》第 1 版全备，但 W. 博林和 F. 约德尔对著者在世时出版的原本进行了加工，他们不仅改变书法、标点以及拉丁文和其他外文引文的德译，还在许多地方按照自己的意思改变在他们看来过于尖锐的文句，删去他们认为无关紧要的地点。

第 2 版 10 卷卷名如下：

第 1 卷 *Gedanken über Tod und Unsterblichkeit*(1903)

第 2 卷 *Philosophische Kritiken und Grundsätze*(1904)

第 3 卷 *Geschichte der neueren Philosophie von Bacon von Verulam bis Benedikt Spinoza*(1906)

第 4 卷 *Darstellung, Entwicklung und Kritik der Leibniz'schen Philosophie*(1910)

第 5 卷 *Pierre Bayle. Ein Beitrag zur Geschichte der Philosophie und Menschheit*(1905)

第 6 卷 *Das Wesen des Christenthums*(1903)

第 7 卷 *Erläuterungen und Ergänzungen zum Wesen des Christenthums*(1903)

第 8 卷 *Vorlesungen über das Wesen der Religion*(1908)

第 9 卷 *Theogonie nach den Quellen des classischen, hebräischen und christlichen Alterthums*(1910)

第 10 卷 *Schriften zur Ethik und nachgelassene Aphorismen*(1911)

**3. 俄文版及中文版《费尔巴哈哲学著作选集》**

苏联国家政治书籍出版社 1955 年出版了两卷本的俄文版《费尔巴哈哲学著作选集》(*Людвиг Фейербах, Избранные философские произведения*, Госполитиздат, Москва. 1955)，该俄译本在遇到第 1 版和第 2 版有歧义时，均恢复了费尔巴哈本人(即第 1 版)的原文。上卷包含"路德维西·费尔巴哈"(葛利高利扬著)、"黑格尔哲学批判"、"论'哲学的开端'"、"改革哲学的必要性"、"关于哲学改造的临时纲要"、"未来哲学原理"、"谢林先生"、"反对身体和灵魂、肉体和精神的二元论"、"说明我的哲学思想发展过程的片段"、"对《哲学原理》的批评意见"、"从人本学观点论不死问题"、"论唯灵主义和唯物主义，特别是从意志自由方面着眼"、"幸福论"以及"法和国家"；下卷包含"基督教的本质"、"因《唯一者及其所有物》而论《基督教的本质》"、"宗教的本质"以及"宗教本质讲演录"。

商务印书馆 1984 年依据此俄文版《费尔巴哈哲学著作选集》翻译出版了中文版《费尔巴哈哲学著作选集》，此版本在篇目编排上依据俄文版《费尔巴哈哲学著作选集》，译文能找到德文的均依据德文译出，找不到的则依据俄文译出。

此外，俄文版《费尔巴哈哲学著作选集》上下卷卷末均有较长的注释，除介绍了版本信息和内容概要外，还在尾注中对正文内容做了一些补充说明，对了解费尔巴哈的学术思想颇有帮助。商务印书馆1984年版《费尔巴哈哲学著作选集》翻译了这些注释。

本次编选《费尔巴哈文集》时，将这些注释中的版本信息和内容概要加以整理，列在相应的各卷"编选说明"中；将尾注内容改为脚注，附在对应各卷的正文中，并注明"俄文编者注"。

4. 中文版《费尔巴哈哲学史著作选》

商务印书馆1978—1984年依据《费尔巴哈全集》第2版第3、4、5卷翻译出版3卷本《费尔巴哈哲学史著作选》，卷名如下：

第1卷《从培根到斯宾诺莎的近代哲学史》(1978年)

第2卷《对莱布尼茨哲学的叙述、分析和批判》(1979年)

第3卷《比埃尔·培尔对哲学史和人类史的贡献》(1984年)

## 二、其他主要德文编选文献

卡尔·格留恩(Karl Grün)编：《费尔巴哈的通信和遗著及其哲学发展》(*Ludwig Feuerbach in seinem Briefwechsel und Nachlass sowie in seiner philosophischen Charakterentwicklung*)，两卷，1874年出版于莱比锡和海德堡，C. F. 温特书店(C. F. Winter'sche Verlagshandlung)。

卡普(August Kapp)编：《路德维希·费尔巴哈和克里斯提安·卡普通信集》(*Briefwechsel zwischen Ludwig Feuerbach und Christian Kapp*)，1876年，莱比锡，由奥托·维甘德出版。

博林(W. Bolin)编：《费尔巴哈来往通信集》(*Ausgewählte*

*Briefe von und an Ludwig Feuerbach*),两卷,1904年,莱比锡,由奥托·维甘德出版。

朗格(Max Gustav Lange)编:《费尔巴哈短篇哲学论文集》(*Kleine philosophische Schriften*,1842—1845),1950年,莱比锡,费利克斯·迈纳出版社(Felix Meiner)。

舒芬豪尔(Werner Schuffenhauer)编:《费尔巴哈通信集》(*Ludwig Feuerbach,Briefwechsel*),1963年,莱比锡,雷克拉姆出版社(Reclam Verlag)。

舒芬豪尔编:《费尔巴哈全集》(*Ludwig Feuerbach:Gesammelte Werke*),22卷,1967年,柏林,科学院出版社(Akademie-Verlag),其中第1—12卷为费尔巴哈生前发表著作,第13—16卷为遗著,第17—21卷为通信,第22卷为附录。

舒芬豪尔编:《费尔巴哈:短著集》(*Ludwig Feuerbach,Kleinere Schriften*),3卷。第1卷(1835—1839),1969年,柏林,科学院出版社;第2卷(1839—1846),1970,柏林,科学院出版社;第3卷(1846—1850),1971年,柏林,科学院出版社。

埃利希·蒂斯(Erich Thies)编:《费尔巴哈文集》(*Ludwig Feuerbach:Werke in sechs Bänden*),1975—1976年,法兰克福,苏尔坎普出版社(Suhrkamp Verlag)。

商务印书馆编辑部
2021年7月

# 本卷编选说明

本卷德文标题为 *Über Spiritualismus und Materialismus, besonders in Beziehung auf die Willensfreiheit*，写于1863—1866年。最初发表于《费尔巴哈全集》第1版第10卷（*Gottheit, Freiheit und Unsterblichkeit vom Standpunkte der Anthropologie*）一书中，在第37—204页。这一著作最初的俄文版节译自1923年《费尔巴哈文集》第1卷，这个节译本的序言和第8、9、11—13各章由鲁宾翻译，经波波夫对照《费尔巴哈全集》第1版第10卷校订过；俄文版《费尔巴哈哲学著作选集》将这一著作收入上卷，是这一著作的俄文全译，又经鲁宾对照《费尔巴哈全集》第1版第10卷作了校订；本卷依据俄文版《费尔巴哈哲学著作选集》译出。

商务印书馆编辑部
2021年7月

# 目　录

序言……………………………………………………………… 1
Ⅰ　在自然的必然性领域中的意志……………………………… 3
Ⅱ　在时间领域中的意志………………………………………… 12
Ⅲ　意志同追求幸福的愿望的统一……………………………… 19
Ⅳ　道德学说的原则……………………………………………… 27
Ⅴ　必然性的差别………………………………………………… 36
Ⅵ　必然性和责任………………………………………………… 40
Ⅶ　个人主义或机体……………………………………………… 59
Ⅷ　德国唯物主义的宗教根源…………………………………… 73
Ⅸ　医学系与哲学系的争论……………………………………… 77
Ⅹ　唯灵主义的本质……………………………………………… 86
Ⅺ　关于上帝的学说与关于灵魂的学说的统一………………… 91
Ⅻ　笛卡尔和莱布尼茨关于上帝的学说和关于灵魂的学说的
　　统一………………………………………………………… 99
ⅩⅢ　所谓同一哲学的唯灵主义，或对黑格尔心理学的批判…… 109
ⅩⅣ　"灵魂主宰肉体"……………………………………………… 130
ⅩⅤ　对唯心主义的批判…………………………………………… 137

# 序　　言

　　只是为了简略起见,本书才采用了现在这样一个题目。起初,本书原来打算用这样一个朴实的题目:《一些——请注意,仅仅是一些——有关唯灵主义和唯物主义的非主导的思想》,等等。"一些",是因为多年以前就着手写的这本书由于种种阻碍曾经中断过许多次;如果本书的基本对象不是意志,我早就悻悻地完全丢开它了。虽然我抱着极其热烈的愿望,并且花费了紧张的思维,可是现在问世的这一修正稿,只不过是我孕育过的全部思想的一些片断而已。"非主导的",一方面是因为几次停笔已经把我工作的乐趣和爱好(只有当你愉快地相信已经完全掌握了自己的主题时,这种乐趣和爱好才能产生)剥夺净尽;另一方面是因为从来没有一个问题像意志自由这个问题这样费脑筋,这样难于断然地加以肯定或否定;这种情形乃是对象本身的性质所造成的,同时也是哲学用语、甚至日常用语的任意性和歧义性所造成的。

　　但是,正如在我的论不死、论宗教的本质等著作中一样,我并没有向自己提出否定"神的存在和灵魂不死"的任务——因为人们可以反驳说,它们至少在书籍和神像中、在信仰和观念中是存在的,——而只是想揭示神和灵魂不死的真正意义和根据,或者——这是一回事——揭示信仰神和灵魂不死的真正意义和根据,提出它们没有经过伪造的最初原本,从而促进对它们的认识,借助于这种认识,它们存在或不存在的问题也就自然得到了解答,同时我在这里的任务也不在于指出意志自由并不存在。本书特具的基本趋向仅仅在于:揭示意志自由假说和意志自由概念的真正意义和根据,帮助人们认识是什么东西迫使他们把自由意志归属于自己和别人,从而指出人们在怎样的范围内这样做是正确的。

# Ⅰ  在自然的必然性领域中的意志

唯灵主义哲学家们认为，自由意志是属于人的，这种自由意志，在他们看来，是不以任何自然界的规律和任何原因为转移的，因之也不以任何感情冲动为转移。他们指出自杀就是这种超自然的自由的实际证明；假如存在着，或者更确切地说，可能存在着这种自由的证明的话，那么实际上在生活内部和生活领域内是不能被发现的，而只能在人们自愿地击碎把他跟生命联系在一起的全部枷锁的地方被发现。雅可比在《阿利维里通信选》①中这样说道："动物不能在生与死之间抉择，动物只有使它自己的生命延续和迫使它在地球上继续存在的感性的欲望。只有人才能抉择。"

安奇哥恩对他的妹妹伊丝曼说道："你选择了生，而我却选择了死"；费希特在关于道德学说的体系中这样说道："决定去死乃是概念支配自然界的最纯洁的表现。在自然界中只有延续生命的需要，决定去死则是这种愿望的直接对立物。以冷静的方式完成的一切自杀都是……这种支配的实现。"黑格尔在他的《自然法》中说道："在意志（纯粹的、不确定的）因素中有这种东西，即我能够

---

① 《阿利维里通信选》是雅可比写的哲学小说的题目。1781年出版。——俄文编者注

从一切东西之中解放自己、消除一切目标和从一切东西中解脱出来。只有人能够放弃一切,甚至放弃他自己的生命;只有人才能去自杀。"

但是,正如这些哲学家和他们的追随者所断言的,自然界和自由、延续自己的生命的愿望和自杀的愿望是否真的处于相互矛盾中呢?不,因为自然界中没有任何赤裸裸的和单纯的延续自己的生命的愿望,像超自然主义者在他的头脑中孤立地思索着的那样。动物极力要延续自己的生命,但是如果这是爱国的动物(因为也有世界性的动物),他的延续自己的生命就同它保存出生地相联系;如果这是社会动物,它的延续自己的生命就同保存本类的动物相联系;如果这是一夫一妻制的动物,就同保存同种然而另一个性别不同的动物相联系;如果这是能够运动的动物,就同保持运动的自由相联系。例如,当某种鸟失去自由而完全不能飞到别的地方,过一个短时期便不思饮食而死去的时候,这是以它们的死宣告,它们追求自由的强烈程度远胜于对延续自己生命的愿望,或者更确切地说——用更符合自然界的语气来说——,在它们那里,对延续生命的愿望同对自由的愿望是以极其密切的形式联系着的。但是,在人们身上,这种无限制的、不能抑止的和同任何东西没有关系的延续生命的愿望竟少到如此程度,也许甚至比动物还要少;这种愿望在人们那里竟然少得能够有人去自杀。对延续生命的愿望,在人身上所占的地位并没有超过它的自我,或者并没有超过人的幸福,这种幸福他认为属于自我本身,并且在没有消灭它本身的时候,这种幸福是不能从本人分离开来和除掉的。如果恋爱的人没有了被爱的人,名利心重的人没有了光荣,富人没有了财产,战士没有了战争或武器,那是怎样的自我或生命(因为谁能够把自我的生命和自我的存在分开)?没有了在人及其需要看来是生命所必需的东西,那究竟是什么样的生命呢?在监狱中的生活也是生命,但是这算是一种什么样的生命!只有面包和水的生命,也是一种生命,但是,正如在圣经《德训篇》中所记载的,"如果没有酒,这算什么生命呢?"因此,如果一个人要结束他的生命,唯恐丧失或已经丧失被人认为是生命的本质的东西,那么他的行动不是违反,而是符合于他自己的延续生命的愿望的。

自杀是人的实体中的一类极其矛盾的现象——这些现象或行动同它的自私处在,或者更确切地说,仿佛处在鲜明的矛盾中,然而,这些现象或行动仍然是从自私产生的。自杀者放弃关于幸福的愿望的任何满足,不过只是为了借以防止对于幸福的任何伤害;他不希望享受更多的幸福,只是为了不致遭遇更多的不幸;他牺牲自己的最好的朋友——要知道,每人都有各自的最好、最可靠的朋友——,只是为了要把极其致命的打击加在自己的死敌的头上。当然,死是同本性相矛盾的;但是它仅仅同健康的、完满的、幸福的本性相矛盾,而不是同堕落的、灾难深重的不幸的本性相矛盾。死亡本身就是引起恐惧的毒物,但是,为了以毒攻毒,死亡成为治疗的最好的方法。病人决心服用令人厌恶的药物,至少是同健康的人食用美味食品的愿望相矛盾的;同样,人决定去死,不管受到多大污辱或是受到被污辱的威胁,至少是同没有受污辱的人的延续生命的愿望相矛盾的。只有当自杀是毫无理由的自己消灭自己的时候,才发生这种矛盾。但是,自杀者决定去死决不是自由的,即实际上并不是由于淘气,也不是为了好玩,而是由于可悲的必然性；他是依照那些对他说来是最后的、不可克服的、同它的本质自身同一的、不能被任何相反的理由加以消除掉的理由，因而也不是根据自由选择的理由决定的。意志是最后的，即最近的原因，但不是自愿去死的最初的原因。我想死——这个论点是从不自愿的大前提得出的一个自愿的最后结论；我不能再活下去，我应当死。对 summum malum 的决定，即对至恶的决定是以失去至善作为它的前提和理由的。我希望死，是因为没有那些敌对的命运违背我的意志从我这里夺去或想要夺去的东西，我就不能生存下去，不管我在这里是否有我个人的过错；我放弃生命是因为我不能放弃我所必须放弃的东西，并且我只能用死的事实来表明和证明我不能放弃的那些东西；简言之，我决定去死，是因为我必须同那些我不能离别的东西离别，我要失掉那些我不能失掉的东西。生命——这是同被爱的对象的联系，自愿地去死——这是同它们的别离，但是这种别离仅仅表现着这一联系的不可分离性和必然性；因为我不能忍受的、同我的死亡联系着的别离，当然，是不可分离性的证据。生命的白天用使人愉快的和肯定人的方式表明，视觉的愉快对人说来只有借助于日光才存在；死亡之夜也说明相同的东西，不过它用的是否定的、敌视人的方式。如果同一个原因有了它就是白天，没有它就成夜晚，那么在这里同样的主要的愿望、同样的力量也会使人去爱生命和抛弃生命、逃避死亡和追求死亡。对不幸者的死刑宣告："没有你我就活不下去"，同幸运者的说法："只有我在你的身边的时候，我才存在"是同样的意思。甚至那英雄般地死去的人，为祖国、为自由和为自己的信念而贡献出生命的人也在用他的死宣告，他不能脱离这些善；这种自由和这些信念是他所必需的——同它的存在和它的生命处于不可分割的联系中。

因此,自杀在很小的程度上是自由和"从一切东西中解脱出来的"能力的证明,以致它毋宁正好证明了相反的东西。只有那些能够无害于自己的存在而做到这一点的人,才能从一切东西中解脱出来。谁要是在脱出身来的同时,也放弃自己的存在、放弃自己本身,那么他也以十分屈辱的甚至陷于绝境的形式正好证明他自己的解脱的能力的受制约性和局限性。在肉体和生命消灭的时候,意志也消灭了它自身,事实上证明没有肉体、没有生命——它也就没有任何东西;并不是由于意志我才没有肉体,而是相反地,只是由于自己的肉体和生命我才有意志;即完全不像是在黑格尔的法哲学中所表述的:"只是因为我想要具有,我才具有四肢、生命;动物不会摧残或杀害自己,——而人能够。"如果人能从死亡中解脱出来,如果他在他不希望死的情形下能够不死,如果因此死与不死仅仅取决于他的意志,只有在这种种情形下,人才能证明他解脱一切的能力,才能证明超过一切自然的必然性的意志自由。但是,正如众所周知的,因为这种情形是处于人的意志权力之外的,于是人就仅仅能用自愿的死证明:甚至人的自由的最高活动也没有超出自然的必然性领域,它只是使自身受到他不可避免地要从自然界忍受的东西。因而,他证明,他的意志不是本原的创造者,而只是自然界的摹写者,不是从无变有的创造者,如唯灵主义的哲学家所描绘的那样,他只不过是按照自己的目的而使用一定材料的绘画家而已。

当然,如果我能够不死,如果我不应当死,我可能不希望去死。死的意志,具有在意志以外的不可避免的死的根据和基础。克雷昂奴在讨论安奇哥恩的死的时候说:"的确,我早就知道我要死;对此不需你来声明。"而在《伊利亚特》中,萨耳珀冬向格劳科斯说道:

> 高贵的朋友！假如我们逃得过这场战争
> 就准保可以永远不死的话,
> 那我就不会到前线去战斗,
> 也不会把你引到光荣的战斗的危险上去了。
> 但是就是现任,也和永远一样,无数的死亡的陷阱
> 在环绕着我们,而且终究要死的人也难以回避这些死亡的陷阱,
> 我们前进吧！或者把光荣输给别人,或者把光荣赢归自己！①

只有在那时,即如果只有自由的死而没有必然的、自然的死,在我们的唯心主义者和超自然主义者的思想中的死的决定才是自由的和超自然的;只有在那时,即如果他贡献的不是会死的生命,而是不死的生命,死才是同人的本性相矛盾的。

当然,正如前面我们已经讲过的,死同本性处于矛盾中,只是由于本性既然处于正常的和健全的状态下,死也就不是意志的对象。塞尼加说道:"我们不受任何人的支配,因为我们掌握着自己的死,"这就是说,如果我们愿意的话,就可以去死。但是,生和死是否在事实上是取决于我们的意志呢？是否只是因为我们希望活

---

① 《伊利亚特》,第12卷,第322—328行。——俄文编者注

下去我们才活下去，因而在任何时候都可以希望反面的东西——死？当然，如果我希望的话，我就能够杀死自己；我的这个愿望本身恰好不仅仅取决于意志，——因为我在这个愿望上是不自由的。只有在死对我说来是必要的时候，当然，只要我不愿意拿生命去换那些只有在我的理解中使生命成为生命的一切东西的时候，我才能够愿意去死。但是，当没有任何反对生命的理由、没有任何去死的理由的时候，我就会用纯粹的幻想去考虑，我的生命只是听从我的意志的吩咐的；在这个时候实际上，无论从道德上或是从物质上说都不可能愿意杀死自己或容许杀死自己的。"你选择了生，而我却选择了死。"两个不同的人在这种对立状态中作了正确的选择。从安奇哥恩的理智的气质和性格看来是可能的东西，而对伊丝曼就是不可能的。

"我能够做到那些我所希望的"；但仅仅在我所希望的是我所能做到的场合下；在相反的场合下我的意志只存在于幻想中，是无基础的、无根据的，因为意志的基础是由实现希望的可能性和能力构成的。真正的意志，而不是常常同真正意志混淆的幻想的意志，乃是能够实现和相信自己事业的、与自己对象相适应的意志和成熟的意志。我希望成为一个音乐家；但我的这个意志仅仅是我的音乐天才的表露，倘若它是有根据的，它就会成功。正如没有生育能力而只借助于意志不能生育婴儿一样，先有意志而没有工具、器官和材料也不能完成它所希望的事情。智能和计划达不到的事情，意志也不能达到。哪里愿望同可能性彼此矛盾（正如常常在日常生活中遇到的那样），哪里就只能因此产生一些不足月的婴儿。

因此，只有在以下这种时候人才会愿意去死：当人自身有死的根据和基础的时候；当生与死之间的鸿沟（以前对它说来这一鸿沟使自杀成为不可能）消失的时候；当人的脑汁已经烧尽和软弱无力到这种程度，以致他只从死人的头颅中看到自己的肖像的时候；当人的心已经离开尘世，以致他在死亡中寻求的为生而死，而只是为死而死的时候；当人把幻想、诺言和矛盾连同自己的生命一起都打断的时候；当人只能在死中发现自己的本质和意志的真正表现的时候。"物以类聚"这种庸俗说法用在这里也是合适的。安奇哥恩在准备死的时候说道："死——这是我的新郎。"但是，那个同死缔结婚姻的人，那是期待着死正如期待着自己的本质的人，是按照选择方法的规律而迷恋于死的人，是已经不再研究生命的画廊而在死中看到本身性质和他的自我的 tabula rasa① 的人。还是那个安奇哥恩说道："我的灵魂早就死了，为的是把自己献给死。"简言之，只有当那种在正常状态下妨碍我实现死的愿望以及抵抗这种愿望或不使这种愿望出现的东西被克服，我才会愿意去死。这种抵抗乃是对生命的爱，或对生命的意志，因为我要活。正如我在爱或不爱那个我爱和暂时还在爱着的个体上我是不自由的一样，当我还爱生命的时候我也不能自由地去希望生命的对立物。只有在这种爱消失或由于使生命成为爱的对象的条件被强制取消因而这种爱也被排除的时候，我的意志才成为自由的，才给关于死的思想和去死的意志腾出地方的。在死成为渴望的对象以前，生命必须成为冷淡的、寂寞的、令人厌恶、恐惧和轻视的对象。

禁欲主义者塞尼加说道："自由的道路到处都为人敞开着。无

---

① 就字面上讲是"纯洁的板"，在此处意为"纯粹的反映"。——著者

论你向什么地方看,最后到处你都可以找到不幸的尽头。你看到那个悬崖峭壁了吗?那里就是走向自由的下坡路。你看到那个海洋、那个激流、那口井吗?在它们的深处有着自由。你看到那个枯干的、不结果的小树吗?自由就在它上面悬挂着。你看到你的脖子、咽喉和心了吗?它们就是奴隶地位的出路。你发现这个出路太难吗?你在寻找需要较少勇气和力量的通向自由的道路吗?你身体中的每根血管都为你开辟这样的道路。"是的,对于那种不管按什么理由,认为生命就是难以容忍的恶的人说来,死就其本质说来是避免一切恶的自由;对他说来这种自由,而且只有这种自由才是意志自由。如果自然界的自我保存的愿望是没有分寸的和没有目的的无限的愿望,那就不会有任何死。但是,自我保存的愿望同追求幸福的愿望是同一个东西;它是随着追求幸福的消长而消长的。一切生命都会随着时间的推移而变成重担和恶害,即使是由于病弱或衰老。但是,如果生命在目前还是恶,那么死就是幸福甚至权利——是被恶缠住了的人的摆脱恶的神圣自然权利。死——这不是因为做了恶事的惩罚,而是对所忍受的痛苦和战斗的奖赏。因此,古希腊人和古罗马人把花圈放在死者前面,作为胜利和光荣的标志。因为,自然的死和自愿的死都是遵循着共同的自然界的规律的,同我们的超自然主义哲学和神学的禁欲主义的道德相反,这一规律使自我保存的义务从属于享受幸福的权利,当然,不是超自然主义意义下的幸福。当然,人并不总是因为难以排除和难以忍受的恶害而去寻死;相反地,倒常常因为自尊心被损伤或贪心受到外来限制和欲望没有得到满足因而去寻死。难道自然的死,不是因为同样微不足道的原因和理由而发生的吗?

## Ⅱ 在时间领域中的意志

意志——它并不是巫婆或魔法师,也不是准备在任何时间和任何地点演出随便什么把戏的能力;意志一般也跟人一样,是跟时间和空间有联系的,因为意志难道不是希望着的人吗?此时此地我不能做到的,彼时彼地我会做到。多少自杀者在做出这一生命攸关的举动以前,对自己做出类似这样举动的可能性会大大吃惊的,他认为自己决计不会做这样的事;而实际上在他那样想着的时刻,他是不会自杀的。只有做某种事情的时机来临的时候,才会发生行动的意志和力量。"我当然知道,现在正在希望着随便什么东西的我,同希望着什么东西的童年时代的我一样。"但是在童年时的希望着的我只存在于你的回忆中、你的思维中,因此你想起他来毫不困难,并且不加区别地认为同现在希望着的我是同一个我。实际上,在你以往的和现在的意志中存在着这样一种差别,正像过去的和现在的存在之间的差别一样:"人的意志乃是他的天国";但是儿童的天国同青年的天国不同,而青年的天国又同妇女或老年的天国不同。

人在一定时间以内所做的和所完成的事情,乃是他在这一段时间内恰恰能够完成的事情中的顶点,乃是他的能力的界限,他的最终意志,因为他不愿意去做他所不能胜任的工作;在任何极度紧张所引起的精疲力竭和空虚的感觉中,他完全放弃了将来,从思想上向往着永远的安宁。但是,这是一种什么样的骗术呀!恰如不能使时间停止或使人的血液循环停止一样,也不能使人的意志停止。每一个新的生活时期都带来新的意志和新的材料。那个过去被人认为是自己的最终意志——永远的意志的东西,现在他认为仅仅是一定时间的有限的意志,而以往被他认为是他的可能性和愿望的绝对本质的东西现在则被贬称为朴素的、有限的本质了。但是,如果意志的对象改变了,那么意志本身也就改变了。意志是由它所希望的那个东西来规定的;意志面向自己的对象,他沾染对象的色彩和取得对象的本质。甚至在口语中 sich entschliessen(决定)同"Partei nehmen"(参与)的意思也是相同的。不偏倚的、不确定的、对一切甚至最对立的东西都一视同仁的意志,是抽象的意志、思维中的意志——实际上是毫无意义的。一个叫作约翰·格希的路德以前的新教徒说:"爱着的东西变成它所爱的对象那样的东西了。如果你爱肉体,那么你自己就是肉体,即你采取了肉体的形式(本质)。如果你爱自然,那么你自己就是自然,因为你采取了自然的形式;如果你爱猪,那么你自己就是猪,因为你采取了猪的形式。最后,如果你爱上帝,那么你自己就是上帝,因为你采取了上帝的形式。"但是要知道,爱无非就是人的感情的、情欲的意志而已,但是,正因为这样,它是一种发自心灵深处的真正的根本的意志。不带情欲的意志——这是一种装腔作势的杜撰的伪造的意志。因此,取消我的意志的对象,就是取消我的意志本身;因为什么都希望和什么都不希望——这都是一样的。但是,在我的生命的每一个确定的时刻,我只希望确定的、在同一个时期对我说来是适时的和力所能及的东西,而不是希望经过如此多年以后的现在的东西,不是在此时此地我耳闻目睹的、从而进入意识中的东西。不,我以前所希望的东西包括了我的全部实体,当时消耗了我已有的全部的意志资本。但是,正因为这一点,儿童和青年的意志才同他们所曾经希望的东西一起消失了。因此,人们预先并不知道他会希望的和将要希望的是什么东西,正如同他预先不知道他会感受和体验什么东西一样。事先就认为有实现任何行动的能力而没有考虑到行动以前发生的痛苦和困难的意志,没有根据的、在时间和空间之外的意志——这就是冒险主义。

凡事各有其时,只有符合当时要求的意志才不是无力的和幻想的意志。例如,不同年龄的人都具有各自的德行和缺点,而且不管你怎样希望,在你没有跨过那个年龄(当时这些缺点是同时间相适应的)以前,你仍然摆脱不掉这些毛病。虽然你在摆脱这些缺点时并非没有意志参加,但是你仍然只有借助于时间才能摆脱。你没有任何根据抱怨,你的意志是受了时间的限制,即你不能逆时间之流,因为符合时间精神的缺点要比不合时宜的或与时间相矛盾的德行约许得更多,说得更多。"真理是时间的女儿",但是同真理同一的自由也是时间的女儿。历史的任何一页都否定那种幻想的和超自然的意志自由。不是意志,不是理智,而只是时间、只是未来才使人从情欲和荒诞无稽中解脱出来,从今日的缺点和不幸中解脱出来。只有在人或事件已经进入历史领域的时候,他们才成为公正的和自由的判断的对象,最大的证明就是,自由只是历史的事情,人不是先天(a priori)就自由的,只是在后天(a posteriori)才自由的,正如在人类的生活中一样,在个人的一生中,自由也是追随在奴隶制度之后的,只存在于时间中的,恰如真理在错误之后,理智在轻率之后,人道主义在战争的残酷之后。

康德在《纯粹理性批判》一书中所说的他的心爱的思想:自在的时间是虚无,它无非就是人的观念,它不是同自在之物发生关系,而只是同它们的现象发生关系——这一思想在康德的《实践理性批判》一书中又加以肯定;不仅如此,康德认为自由意志的存在取决于时间对意志和理性极少意义这一点上;因为在时间中每一种状态都仿佛是以往的状态的必然结果,而且因为受时间约制的行动能力的现在表现是由已经"不受它的支配"的过去的表现规定的,可见,在时间的领域内不可能有自然而然地产生与以往的状态无关的状态的这种能力;而意志自由才是这种能力。"过去的东西再不受我们的支配",这是完全正确的;但在这个原理里还缺少这样正确和这样重要的第二个前提,即过去的东西已经不能再支配我们。例如,由于以往的节食或由于食物缺乏而引起的饥饿,控制了我,迫使我只想到胃;但是如果饥饿减轻了,或者没有了,那么我就有了自由和时间不去考虑胃,而去想脑子。Primum vivere deinde philosophari,先是要活,然后才是思维,或研究哲学。自由不在于开始的可能性,而在于结束的能力。但是,时间是这种自由的可能性和条件。只有当你停止享乐的时候,你才能开始思维;只有当你不再幻想的时候,你才开始清醒;只有当你不再相信的时候,你才开始怀疑。"新的爱——新的生命。"但是,当旧的爱没有消失以前,当时间的锤子没有粉碎把你锁在旧的和以往的爱上的枷锁以前,便没有新的爱。意志的任何现在时都是以对立的愿望或一般的其他愿望的过去时为前提的。在我休息过以后和因为我休息过,我才想工作或活动;在我工作过以后或活动过以后和因为我工作过或活动过,即我没有休息过,我才想休息。如果这个"没有"不发生在先,那么我就不会有企求,也不会有愿望的根据和理由。"物各有时"。而且,你得到自由并不是由于你否定时间,而只是由于你恰如其分地使用和运用时间,保证每一个自然的企求和每一个需要有它的权利和自由,即对它适合的空间和时间。"分而治之"。但是,要把你的自由的敌人分开,并且制伏它们,你只能借助于时间;为了制止你的剧烈的、狂妄的愿望,可以给它制订严格的规则;要学会适应时间。在佛教徒那里,一直到目前为止还把"不要食无时"这个规则当作基本的训诫。《旧约》的传教者高呼:"邦国啊,你的王若是孩童,你的群臣早晨晏乐(早晨是审判和进行别的事情的时间),你就有祸了! 邦国啊,你的王若是贵胄之子,你的群臣按时吃喝,为要补力,不为酒醉(按字面应是:为了狂饮,为了饕餮)你就有福了!"是的,群臣听从传道者的话的那些国家是有福了,但是同时,人们也要记住并且奉行希腊哲人说的"抓住时刻"和"时间是一切东西中最英明的"这些金玉之言。

康德为了有利于证明他的从形而上学或道德上说来时间无足轻重这一理论,他援引了"在回忆到那些早已过去的行为的时候的悔恨,某些由于道德上的信念而产生的痛苦感觉;这些东西实际上是徒然的,因为它不能使已完成的事情变成未完成的,但是作为一种痛苦那是完全合理的。因为,如果问题是关于我们的理性的(道德的)存在的规律的话,理性是不承认时间上的任何差别的,而只问那件已发生的行为是否是属于我的,如果是这样,那么不管这是在现在还是在很久以前发生的,总是以同样的感觉从道德上跟这一行为联系起来。"但是,我们在回忆中也把同一个感觉同我们所感觉过的、经历过和感受过的东西联系起来,不去区别这是在很早以前或只是现在才完成的。我们当教师时不应当地打过学生的耳光,二十年来一直使我们内心苦恼;但是我们当学生时候挨教师打的耳光,即使罪有应得,在二十年以后同样还会使我们的脸发烧。我们没有忘记那些我们加在别人身上的不公正,而且也没有忘记那些别人加在我们身上的不公正、痛苦和损害。例如,康多尔萨在对德·拉·康达米尼的赞颂里说,康达米尼有一次遇到他的一位教师时感到,他不能原谅五十年前这位教师对他的不公正的处罚。例如,同一个康多尔萨在称赞卡列尔的文章中说,卡列尔一看到他还当十岁孩童时就曾以讽刺进行报复的他的严厉而迂腐的家庭教师的时候,总是感到不由己的恐惧。

正是在以下这个例子的场合下,我们才谴责自己早先的行为,即当这些行为把那些现在还使我们感到烦恼的我们的有意识的错误加以客观化的时候,或者当这些行为同我们现在的、后来发展起来的美德(我们的名声和信誉都从这种美德得来的)处于对立的时候;但是我们恰只在现在才责备自己这一点,即当那些已经不再同我们的存在打成一片的错误仅仅是回忆的对象的时候,就是说这些错误是如此模糊,以致再没有像以往那样鲜明和令人厌恶的形象的时候。因为,如果我们所想到的和所感觉到的正如我们现在所想到和感觉到的一样,如果我当时自责的地方同我们现在自责的地方一样,那么我们便不会干出这种行为。我们对待我们过去的错误,正如父亲对待自己的子女一样,因为父亲仅仅责备他们的子女从他们那里继承下来的错误(往往也包括德行),而这些错误和德行是他们自己只是由于时间或随着时间而慢慢摆脱掉的。但是，正如上面已经指出的，不仅是我们所记忆的行为，就是我们所记忆的感觉和知觉、痛苦和愉快，也都是很新鲜的，甚至永远保留在我们的记忆中，即只能同我们的意识一起消失。但是，在最近的记忆中，我们不仅赞扬或斥责、祝福或诅咒我们所完成的精神上的善行或恶行，而且也赞扬或斥责、祝福或诅咒我们所经历过的和一再感到的肉体上的善行或恶行。这种实践理性的批判甚至应用到一饮一食上去。"我永远不会忘记同封·克勒森先生一起喝酒吃饭的情形。"这是在纽伦堡的墓前演说的最后的一句话。而且，你多么常常听到出自纯朴的人民之口的诸如此类的格言！佳肴美酒留下了如此美好的回忆。相反地，令人厌恶的饮食，即使仅仅食用一次，也会使人永远讨厌。甚至纯粹是肉体上的痛苦，例如每冬都要再犯的冻疮的痛苦，虽然我们生冻疮已经是许多年以前的事情了；这时我们都还会悔恨（即使或许是根据值得称赞的道义上的考虑）我们先前忽略了使自己免于冻伤的应有保护。

## Ⅲ　意志同追求幸福的愿望的统一

对意志说来，否定时间是毫无意义的；一般地否定时间或简单地否定时间是没有的；现在这个时候是没有游玩、饮食和散步等等的时间，所以如此是因为现在是工作和行动的时间；因而这种否定常常发生在时间领域内。一般地说来，正像是一切否定（人——一般的人而不是某一个哲学家——从这种否定中抽象出他的意志自由的概念，或者他在这种否定中看到这种自由的证明）没有发生在自然的必然性或自然的需要的彼方，而是发生在此方；它仅仅适用于某个领域内或某个类的个体和个别东西，而并不适用于这个领域本身或类的本身。例如，我能不吃某种食物，但是我不能不吃所有的食物，不吃一般的食物；如果我不想灭亡的话，我必须吃东西。但是，我感觉到这个必然性只是因为我没有超出理性和自然界的领域，只是因为我没有处于同我的本质和意志的矛盾中，这是因为我是一个常常需要食物的生物。没有这种需要我就不能思维自己，而且因此我完全不会设想在没有或否定这种需要时也有我的自由。我只在这个意义上设想自由，即如果我不想吃某种食物我就能不吃它，我不依赖于某一种食物，没有这种食物，我也不会成为不幸者或由于烦恼而发怒；我能吃一切属于人类饮食这个领域和类的食物。意志是自决，但自决仅仅在不以人的意志为转移的自然界规定的领域内。几乎在康德之前的哲学家都异口同声地说："意志是理性的愿望。"但是，类或类概念即是区别理性和感觉的东西。我们能看到许多树要归功于感觉，或者——由于感觉（没有脑即没有理智或理性，就没有任何东西）——要归功于感性的理性，而能看一棵树——要归功于思维的理性。树，就其本身而言，不是感性的；它是超感性的；但是这种超感性仅仅与形式有关，而与内容或对象无关。因此，意志，像非理性的愿望那样，不是仅仅由单独的个别的对象规定的愿望，而是像上引例子那样，是由对象的类所规定的愿望。"意志是超感性的能力"，无非是在这样一种意义下，就像树、花、人是超感性的本质那样。

　　康德在实践哲学中同他在自己的理论哲学中相反，他把法律的纯粹形式转变为规定意志的对象和根据，从而把意志转变为不同于愿望的感性能力的特殊能力，转变为纯粹的本体（noumenon），这个字译成德语意为"思想物"。当然，法律，就其形式说来，是非感性的和超感性的东西；但是，这一法律的对象以及其内容，正如在自己的类概念中是超感性的树是感性的一样，也是感性的。但是，有过这样的事情。不能思维的人因为有许多树而看不到一棵树；而那些不通过感觉去证实和规定自己思维的能思想的人，则因为一棵树而忘掉许多树，把空洞的形式变成为内容，把没有许多树的单独一棵树变成为某种自在的本质。康德没有超越出自为的规律是哲学的开端和终结这一说法。法律是普遍的、无条件的，它不考虑任何东西的，但是如果它不被执行，如果没有行动来支持，它便什么也不是；因而康德从此便得出结论说，应当存在着符合法律本质的行动的能力，应当存在着只为法律所决定而不以任何感情倾向为转移的能力。这种能力就是"纯意志"。

但是,法律,例如摩西的诫律,仅仅这样说:"不可贪恋你的朋友的妻子,也不可贪恋他的男奴隶、女奴隶,更不可贪恋他的牛和驴";但是他没有这样说,根本不要有妻子,也不要有男奴隶、女奴隶以及牛、驴。他没有禁止我满足我的性的要求和财产的要求,他只禁止我借助于属于我的朋友的这个妻子、这个奴隶、这个驴来满足这个要求。"不可偷盗"或"不可奸淫"的训诫对我说来当然是超感性的,是我的感性的否定,但仅是因为这种感性是对我的朋友的妻子的贪恋,而不是我的一般的感性。要知道,这只是别人的性的要求通过立法来禁止我的性的要求,建立这种限制;因此,一般地说来,性的要求就其本身是合法地被承认的和被限制的。法律——我说的是合理的、公正的,而不是贵族的或专制的法律,——一般地说来无非是与别人追求幸福的愿望相协调的我的追求幸福的愿望。因为在没有愿望的地方也没有意志,而在没有追求幸福的愿望的地方,也就没有一般的愿望。追求幸福的愿望,这是愿望的愿望。每一个愿望都是无名的追求幸福的愿望,因为它只是从人们认为幸福在其中的那一对象而得到名称。甚至追求知识的愿望也是追求幸福的愿望,先是借助于理性得到满足,然后——当追求知识的愿望成为独立的需要的时候,随着文化的发展,——就在理性中得到满足。为什么以前人们要问,产生闪电和雷鸣、昼夜和寒暑以及其他足以使人惊异的自然界各种现象的原因或创造主或罪人(我们这里是抽象地来说)何在呢?为什么呢?因为他们希望以关于原因的知识去战胜那些对他们说来是陌生的不知道的现象所引起的无信心、恐惧和害怕的原因。根据雅利安的传说,凯尔特人曾对亚历山大说道,他们最担心的是天不要塌在他们头上。如果人在实际上把天看成青铜的穹窿,把倾盆大雨看成是倾覆到地上来的"天海",把小行星看成是从天上掉下来的真正的行星,那么便非常易于产生这种恐惧的!

但是,探究这种恐惧的原由或洞察这种恐惧的无根据,以便保证自己生存安全的愿望,是多么接近于这种恐惧。那种可触摸的东西我用手指去试探,以便从肉体上掌握它们和保证自己的安全;那种在我的感觉能力以外的东西,我通过我的理性去了解,至少在理性方面掌握它们和保证自己的安全。Tantum possumus, quantum scimus(我们只能处在我们所知道的那种程度上)。知识就是能力和力量。人们希望知道发生了什么和怎样发生的,或者有时能够用自己的双手把它做出来,或者,至少在思想中再现出来;追求知识的愿望一开始就是摹仿的愿望。但是,力量和占有——要知道,掌握和占有那些不能在物质上掌握的东西,恰恰也就意味着知道——是追求幸福的愿望的对象。

把不以它的追求幸福的愿望为转移的特别的"形而上学的需要"归诸于人,而且不仅把这种需要归诸于人,甚至把它当成宗教的基础和本质,是再荒诞无稽不过的了,因为恰恰是 prima philosophia 即在人类其他一切哲学发生以前的哲学——宗教,以令人信服的形式证明:这种形而上学的需要只在为追求幸福的愿望服务时才能得到满足;关于原初的事物、创世主的学说、关于最后的事物的学说——关于人的幸福和不死的学说,都表现出同样的思想、同样的意志,并且把它客观化。甚至基本的差别——原因和结果之间、对象和自我之间的差别——正如片面的理性的人所认为的那样,不仅依赖于我的理性,而且同样在本质上依赖于我的意志,从而也依赖于我的追求幸福的愿望。因为,在没有追求幸福的愿望的地方也没有意志,而如果有的话,至多也只是任何东西也不希望的叔本华式的意志。

理性是那种给我提供关于事物的观念的本质或能力;意志是从我这里抽出这些被投入我的头脑中的观念的本质或能力。如果我没有意志,我就没有关于不同于我的外间世界的意识。只有借助于意志和只有在追求幸福的愿望的基础上,理性才能区别想象的事物和客观的事物,区别视觉的客体和利用的对象;区别我的视神经所及的景象和实际生活,区别在房顶上或在头脑中的麻雀和在手中或在肚子里的麻雀;区别压力的感觉和引起这种压力的原因。简言之,我借助于理性来区别原因和结果、对象和感觉,我借助于意志来区别善和恶、幸和不幸、天堂和地狱、占有和不占有——区别得像生和死那样分明。"存在或不存在——这就是一个问题",但是这个问题,正如其他许多问题一样,不是由于那种与意志分离和没有意志的理性来解决,而只能由同意志相联系的理性来解决。

但是,让我们再回到起点。"意志"这个词只有在它同其他名词或者毋宁同动词有关的场合下才有意义,因为意志只有在行动中才显露出来和被判明是真实的。自然,语言也使"想要"这个词成为一个独立的词,但在语言中除了庄严的和哲学的"我想要"之外,还有作为我的感觉对象的第二身和第三身的愿望;除了现在时和不定式以外还有过去时的和条件的愿望;简言之,愿望是处于有限性和时间性的一切条件和一切形式之中的。因此,"我想要"这个命题是与疑问代名词"什么?"密切相关的。独立于意志内容以外的意志——这是无意义的。但是在这种场合下我想要什么呢?除了希望终止与我的意志相敌对的事物——终止恶事以外,任何东西都不想要;没有恶的地方就没有意志;我想要终止痛苦,因为想要——这意味着想要不痛苦;除了我的不存在的不存在以外,任何东西我都不想要,因为只有没有痛苦的存在才是真正的存在。我想要自己死,但是只是当死是把我从不幸的人类生活中解放出来的最后的方法的时候。我的意志——这仅仅是同我对立的并且同那些压迫我的东西、想要使我成为不幸者、污辱我、消灭我的东西战斗着的我的本质。想要——这首先是而且必然是想要给自己幸福,"因为那个对自己是敌人的人,不可能对别人是朋友"。幸福同愿望的意义是非常密切联系着的,以致甚至"Wille und Wollen"(意志和愿望)在语根上是同"Wahl und Wohl"(选择和幸福)相近的;"Ich wole oder wohle,wähle,will"①。"意志是对占有的渴望,或追求某种善的愿望,即令是真正的或似是而非的善",意志就是 appetitio boni aliquis。经院哲学的哲学家和神学家说道:"一切生物都喜爱自己,或希望自己完善",se suamque perfectionem appetunt。"意志不能不想要善;它仅仅不一定想要某种特殊的善。"英国诗人杨格在他的《夜思》中说:"全能者的第一个规律是:人,自爱吧! 甚至自由地行动着的人也只是在这一点上是不自由的。"而在名声很坏的《自然体系》②中却正确地说道:"追求幸福的愿望和保

---

① 费尔巴哈是在分析一些不能翻译的、同德文相似的字的字根。——俄文编者注
② 《自然体系》是法国唯物主义哲学家霍尔巴赫(1723—1789)的著作。费尔巴哈在引证这一著作时在任何地方都没有提到作者。——俄文编者注

全自己的愿望都是人的真正本质。痛苦向人们表明，人应当回避它，而满足向人表明他应当希望它；因而对现在或后来成为愉快的感觉的原因的东西的爱也是人的本质，反过来说，对不愉快的感觉的原因是仇恨的。人的意志必然要取决于和被吸引于那些他认为有益的东西，而相反地，它要摒弃那些他认为有害的东西。但是，人类只通过经验的途径才得以认识他应当爱和应当惧怕的东西；意识到有时善就其后果说来也能成为恶，相反地，暂时的恶可能给他提供长时间的善。因此，我们便知道了，截断任何一肢都必定要发生疼痛，因此他必然要害怕这一手术；但是经验教导我们，由于这一手术而产生的疼痛可能保住我们的生命，于是我们决定忍受这一刹那间的疼痛以期待超越疼痛的善。"是的，人类必然要期望 Bien être，期望物质福祉；这是它的本质所固有的意向。不过，哲学家和神学家可以区别摆脱强制的自由——libertas a coactione——和摆脱不幸的自由——libertas a miseria。但是，摆脱了强制的意志（即令是真正的身体上的或心理上的强制），例如，摆脱了使我丧失意志和理智的狂怒的强制的意志，同时也就是摆脱不幸或恶的意志，而不管它的对象如何。"我想要"——这就意味着：我想要做一个幸福的人。抑制人类追求幸福的愿望——就是抑制人类的意志。意志薄弱就是臣服，而且是对人生的不幸（无论是东方的虱子和跳蚤或他们的西方的"上人"或"阁下"）毫无抵抗的臣服。"自由地（liberum）和自愿地（voluntarium）——这是同一回事"，——以往各派哲学家这样说过；"意志，在本质上就是自由意志"，——现代哲学家这样说；但是自由意志只是指追求幸福的愿望，例如，指挨饿的人希望免于饥饿，不幸者希望免于不幸，奴隶（即奴性还未成为第二天性的那些奴隶)希望免于奴隶压迫。德意志人现在正在把奴隶压迫吹嘘为唯心主义的自由,因为顺便说一说(我说顺便说,是因为不仅仅是这个原因,但这是不言而喻的),他们仅仅把自由了解为同追求幸福的愿望的矛盾,尽管他们如何努力地在不适当的地方,并且 trop tard(过迟地)力图消除这种矛盾。只有以追求幸福(自然,不是单个的人的,而是所有一切人的)的愿望为基础的自由,才是民主主义的,因而也是不可克服的政治力量。

# Ⅳ 道德学说的原则

在这样的情况下,对待自己的善良意志和对待别人的善良意志,自己追求幸福的"自私"的愿望和道德所要求的"无私"的愿望怎样协调呢?正如受到外部的、约束性的、强迫性的限制的权利,使我的追求幸福的愿望同你的以及别人的追求幸福的愿望取得协调一样,受到内心的、亲切的、诚恳的和自愿的限制的道德,也使我的追求幸福的愿望同你的以及别人的追求幸福的愿望取得协调。我的权利就是法律所承认的我的追求幸福的愿望;我的义务就是我不得不承认别人追求幸福的愿望。我的追求幸福的愿望说道:"我想要";别人追求幸福的愿望说道:"你应当",而不管这话是这个别人自己说的,或者是以这个别人的名义或依照这个别人的吩咐说的。自始就把愿望和义务放在同一个"我"的身上——虽然本身是有区别的,但不去注意同我对立的、在我的意志和理性之外存在的"你",这就意味着折磨自己,强奸自己。道德是不能单从自我,或是从没有感情的纯粹理性中得出来的,也是不能单独用自我或是没有感情的纯粹理性加以解释的。它只能从"我"与"你"的联系中得到解释并且引申出来;提供这种联系的只能是同考虑自己的"我"相对立的感情,它只能借助于不同于我自身的东西从康德的"自律"和"他律"的结合、从自我立法和立法的联系中得到解释。

但是这个"别人",这一唤起我的"我"的责任心的根据正是"你"追求幸福的愿望。道德的原则是幸福,但不是集中在同一个人身上的那种幸福,而是分布在各个人(包括我和你)身上的幸福,因而,幸福不是单方面的,而是双方面的或是各个方面的。"对自己"的责任所具有的根据和对象是自己的自爱,对别人的义务的根据和对象则是别人自己的利己主义。义务是自我克制,而自我克制无非是使我服从别人的利己主义。道德要求无私,但是它并没有意识到在要求我不要有私心的后面只隐藏着别人的然而极有理由的私心;它没有意识到这一点,因为它不是张着眼睛来思考的;它没有想到有感情的"你",或者甚至全然没有想到人,就像康德的道德一样;它想到的只是那种不存在的、极少可能有的、理性的生物。因此,那些同我的利己主义相矛盾的,因而不能由我的利己主义来解释的东西,就是同别人的利己主义十分协调的东西。例如,禁止说谎当然是同说谎者的意向和利益矛盾的;但是人们发明的用来迫使说谎者承认真实的那种拷问手段却以报应方式证明在多大程度上这种禁止是以被欺骗人的利益为根据的,在多大程度上它根本是同被欺骗人的利己主义或是爱生命、爱"他自己"的东西相联系的。因此,道德不能从幸福的原则抽象出来;如果它抛弃了本人的幸福,它仍然必须承认别人的幸福;在相反的场合下,如果失去对别人的义务的根据和对象,也就没有道德实践本身。因为如果没有幸福和不幸、快乐和悲哀之分,也就没有善恶之分。善就是肯定追求幸福的愿望,恶就是否定这种愿望。

从纯粹的"我"推演出来(虽然也是在对别人的关系中所设想的我),而不是从"我"和"你"的实际上的共同性推演出来的道德,一方面把善和欢乐,另一方面把恶和悲哀,转变为本质的类的区别,以致欢乐和悲哀归此岸的感性承担,而善和恶则归空想的无感性和超感性的彼岸的东西承担。康德说道:"根据我们所考虑的是某种行动的善或恶,还是与这一行为有关的我们的欢乐和痛苦,可以得到两种完全不同的判断。"如果我们只从对我们自己的关系来看,这可能是对的,但是从对别人的关系来看,却是错的。因为对别人来说,即遭受这一行动的人来说,是悲哀或欢乐的那个东西本身,对负有这一行动的责任的我来说就是善或恶。谁愿意惹起悲哀或害人,谁故意地做恶事,谁就是恶人;相反地,谁不是偶然地行善,而是有意行善,谁就是善人。因此,康德所说的"善和恶经常意味着对意志和行动的某种关系"这句话是对的,但是接着说的一句话:"但是并不意味着对个人感觉状态的关系",却是不对的;——当然,不是主动的人的感觉状态,而是那个承受行动的人的感觉状态。善和恶在下述意义上实际是相关的概念:它们所表达的,至少从根源来说,不是任何人对本人的关系,而是对别人的关系,因为只从自己个人来设想的人(如果这样的人是可以设想的,是已经设想出来了的),无所谓善和恶,由于他没有成为善人或恶人的任何根据、理由和原因。所以,在说明什么是善、什么是恶的时候,不能不注意承受行动的那个人,不能不注意他的感觉。除了恶行以外,没有其他特征认识什么是恶,除了善行以外,也没有其他特征认识什么是善。为了证明自己的意志自由而去捣毁无生命的东西的人,像一个淘气的孩子;但是,谁要是允许自己对有感情的人也这样放肆,看到由于自己追求幸福的愿望而使别人遭受痛苦却不感到良心谴责,他就是一个恶人。因此,恶的程度是由恶意的程度来确定的,相反地,善的程度是由行善者的善意的程度和承受善意的那个人的感恩的程度决定的。

古时人说,要像尊敬神一样尊敬父母。为什么要像尊敬神一样呢?因为我们受到他们最高的恩典——生命。父母要求自己的孩子的顺从、感恩和尊敬。但是他们提出这些道德要求的根据只是孩子应当感觉到父母所给的恩惠。诚然,在基督教道德中有这样一句话:"要爱恨你的人",但是在基督教教义中也有一句相反的话:"我们爱他,因为他先爱我们。"爱是"善良的意志",但这种善良的意志只想使被爱的个人得到幸福。然而,人的这种追求幸福的愿望只是通过满足别人追求幸福的愿望和在这种满足中得到满足。爱必须是双方的,即是以爱易爱,但是完全不要求用亲吻、温柔言语和阿谀去对付由于追求幸福而吃到的耳光、受到的拳打脚踢和侮辱。性爱是爱的最玄妙、最完善的形式;但是在这里,不同时(即使不是自愿的)使另一个人幸福,就决不能使自己幸福。相反地,我们愈是使别人幸福,我们自己也就愈幸福。那么,什么是爱的道德呢?是不是在于我抛弃追求幸福的愿望,是不是在于我自己说服自己;我之所以沉醉于性爱似乎只是由于责任,由于尊重上帝的和道德的训谕:"你要生育和繁殖"?不是的,只是在于我在使自己幸福时,我使另一个"我"也幸福,在于我愿意同他的愿望协调地满足我自己追求幸福的愿望。但是,就像在两性关系上一样,一般在人类交往中,纵然不谈人们(至少是目光短浅和自私自利的人们)的自觉和愿望,本人的利己主义的满足也是同别人的利己主义的满足有关联的;差别只在这一点上,在两性关系上,它比较显著,在一般人类交往中,按情况不同,它多少是经过中介的、间接的。诚然,同行相忌,不仅相忌,在思想上,甚至实际上常会把自己的幸福建立在自己竞争者的不幸上面。然而,这只是偶然的,因为,即使不管其他理由,正如古代的赫西俄德所说的,不仅有坏的竞争,也有好的、争取为善的情况;这还只是次要的,由于基本上,例如在生产者和消费者、卖者与买者的关系中,本人的安乐是同别人的安乐有关的,因为如果别人不提供任何东西或者什么也没有,那么我也一无所有,什么也没有。因此,道德的任务不就是要自觉自愿地把自己追求幸福的愿望和别人追求幸福的愿望之间的联系当作人类思想和行动的准则吗?这种联系是为事物的性质,为空气与光,水与土的关系本身所证明了的。反过来说,如果道德割断了这种联系,并且把个人的义务和追求幸福的愿望发生冲突的情况当作自己的出发点,那么这样的道德除了是个人任意创立的东西和诡辩以外,还能是什么呢?因为,不管这类情况发生得多么经常,它们只是例外,而不是常规。凡是成为常规或者更精确地说成为生活规则的东西,也成为,至少应该成为道德规则,只要它不想成为纯粹杜撰的东西。如果真像康德所说,"当本人幸福的原则成为判断的基础,那时候原理就是同道德原则直接对立的",那么道德就成为生活原则的对立物,因为如果我不用我的幸福、我的好处以及我的利益作为确定我的意志的基础,我是活不下去的。如果我,例如作为一个农民或商人无私地分掉我的产品和商品,作为一个手工业者无私地分掉我所制造的东西,或者即便是无利出售,我怎么能活下去呢?"是的,当然我不应当这样做,因为我也还有对自己的义务。"但是,从本人提出来的义务难道不就是掩蔽在义务这一温顺的伪善的名义之后的取得个人幸福的权利吗？为什么在这种情况下，你不想公开地承认它们，承认成为义务对象的东西实际也就是追求幸福的愿望的对象。这是这个义务每天、每年、从小到老，把农夫召唤到田野里去，把手艺人召唤到工作台边去，把商人召唤到店铺里去，把官吏召唤到衙门里去。但是这个义务同时不是对这人有利的、不是他追求幸福的愿望发出的律令吗？

此外，义务和幸福的争执不是不同原则之间的争执，而只是在不同个人身上的同一原则的争执，只是本人同别人幸福的争执。康德相反地在他的《道德形而上学》中说道："本人幸福的原则所以遭到非议……是因为它把这样一些动机塞进道德中去，这些动机把引起行善和作恶的原因并列起来，而只教导怎样才能更好地算计，遮盖两者特殊的差别，因而这些动机不如说会破坏和消灭道德的全部伟大处。"在他的《实践理性批判》一书中，他用下述例子解释这种差别，或者毋宁说，解释这一对立性："赌输了的人当然会怨自己，怨自己的愚蠢；但是如果他意识到，他在赌博中使用欺骗手段，即使通过欺骗他赢了钱，只要他把自己的行动同道德规则一比，他一定会鄙视自己。所以，这一意识应当同个人幸福原则有所区别，因为即使我塞满了钱包，仍然必须对自己说道：'我是无赖'，必须有另外的判断原则；如果只是称赞自己，说：'我是有能耐的人，因为我装满了钱柜'，这是不够的。"当然，如果本人幸福只在于欺骗、偷窃和谋杀，那么道德规则是不同于个人幸福的东西。但是，仍然用康德的例子来谈，如果两个赌钱的人互不欺骗，难道引起他们行动的原因不在于赢钱和本人的幸福吗？难道双方的义务——互不欺骗、严格遵守赌博规则——是同每一方面的本人幸福相矛盾的吗？如果取消了不准骗人的禁律，难道骗人的轮不到被骗吗？为什么当我成为骗子的时候，我向自己说，我是无赖呢？只是因为，如果我不是骗子，而是被骗的人，我就可以责骂别人的卑鄙；从而也只是因为我追求本人幸福的愿望是与处在受害者、受欺骗者的地位的愿望不同的。这也是很明显的，首先不是骗子在向自己说话，而是被骗的人在向骗子说话：你是无赖！良心的声音就是受骗者号召复仇的声音。有人想到在良心中发现某种超人和外于人的本质，但是因为这种 deus ex machina① 却忘记了良心中也有 homo homini deus est（人对人是上帝）；不过这个由人来担当的上帝不是救主，而是复仇者。我，在我之外存在的有感觉的你，——这是在我身上的超感性的良心的源泉。我的良心无非是站在被害的"你"的地位上的我的"我"；无非是以本人追求幸福的愿望为基础并且遵从这一愿望的命令的、别人幸福的代表者。因为，只是由于我从本人的感觉中知道疼痛是什么滋味，只是由于我避免受苦的那个动机，我才能由于使别人受苦而感觉到良心谴责。只是根据于我不愿别人伤害我，我才对于使别人受害感觉到悔恨；只是根据于我赌输以后心里恼恨，我才会在当我用欺骗赢钱而使别人因输钱而恼恨的时候责备自己的欺诈。道德意志是那样的一种意志，它不想伤害人，因为自己也不想受到伤害。而且，只有不愿忍受伤害，也就是只有求得幸福的心才是使人不去或者应当不去作恶的道德规则和良心。

但是，这个不是康德给他自己和他的读者们描绘的追求幸福

---

① 从升降机中出来的上帝。——译者

的愿望,因为由于他特别喜爱自己的主角——义务,他才没有给这一愿望描出一幅自然的真实的形象,而只作了一幅漫画;他只把它描写成一幅令人讨厌的贵族形象,而不是一个从人民中来的朴实的人物。因此,他把义务说成是善,而追求幸福的愿望则只是可喜的东西,也就是说在他看来,是同善有类和种的区别的东西或客体。让我们举这个例子来说明。按照道德,包括康德的道德来看,延续自己的生命是义务。因此,作为延续自己的生命的必要手段的吃饭也是义务。在这种情况下,按照康德的说法,道德的对象只是与延续自己的生命的义务相适应的吃的东西,而那些足够用来延续自己的生命的食品就是好的东西。相反地,追求幸福的愿望那是饕餮者的事情,他们只要那些好吃的、引起食欲、刺激味觉的食品,只要美味的东西;因此康德说的很对:每人有"他本人的幸福",即是他本人的美味的东西和爱吃的食品。但是,难道这种追求美味食品是与本性和义务相适应的,难道它是民主的和人民的追求幸福的愿望吗?不是所有的人都一致认为,他们首先想解除他们的饥饿吗?难道单单解除饥饿不是愉快的?当你饥饿的时候,不仅被康德认为是追求幸福的目的的肉馅饼和果脯蛋糕成了你的美味食品,义务这一块陈面包是不是也成了你的美味的食品?面包不是像蛋糕那样同样成功地成为追求幸福的对象吗?难道不是有无数的人,他们只要有他们日常的面包,而且是按狭义说的面包,就已经感觉幸福了吗?因此,这些禁欲者(虽然不是自愿的禁欲者)的追求幸福的愿望不就是义务吗?对构成人类大部分的那些人来说,面包不是他们追求幸福的对象吗?面包不是一直成为他们的义务、他们的一般的和道德的活动的对象吗？难道因此这些人们就会变得不道德吗？要是这样，道德就只是富裕安乐的人们的事情，他们由于从小就受到良好照料，他们追求幸福的愿望已经得到满足，他们有足够的功夫把道德同追求幸福分隔开，而把道德当作他们为了道德而道德的思维对象。

# V 必然性的差别

那么,再来谈谈意志:我既同意又反对法国《自然体系》一书的意见,因为正像意志因年龄和性别而有所不同,由于国家不同,意志也会不同,因此,法国的和德国的意志——不是毫无区别的。在上述的那一段话以后,《自然体系》一书中接着就说道:"如果我渴得十分难受的时候,见到泉水,那么对于我想去还是不想去满足如此强烈的要求这一点,自己是否还能控制呢?大家都同意,不想满足这一要求,无疑是不可能的;但是人们说,如果当我正想喝水的时候,我知道水是有毒的,可是我不顾自己的口渴而约束自己,不去喝水;于是人们便得出结论说:我是自由的。但是这个结论是不正确的,因为,当我还不知道水是有毒的时候,口渴必然使我想去喝水,同样,现在已经知道以后,必然使我不去喝水。延续自己的生命的要求或愿望(le désir)使原来的口渴对我意志的推动力不起作用;第二个动因比第一个强烈;对死亡的恐惧必然会把口渴的痛苦感觉压下去。当然,口渴也可能非常难受,以致冒失的人会冒着危险去喝这种水,然而在那个时候,正是原先的动机和原因又占上风的时候。但是,不管我们喝水或是不喝水,——这两种行动同样都是必然的;两者都是对我们的意志有极大力量或支配力的动因所引起的行动"。当然,这两种行动都是必然的,但是,因为实际上根本不存在抽象的,即划一的、无区别、无内容的必然性,所以上述两种情况下的必然性在这里也不是同一的。驱使去喝毒水的必然性是同我的本质和意志相矛盾的;驱使我不去喝毒水的必然性则是同这些东西相适应的。我爱生命,爱它是必然的,因此我以同样程度躲避和厌恶毒药和一切戕害生命的东西,这也是必然的。《自然体系》说得对。但是这种必然性是真诚的、内心的、自愿的、所希求的、与我的"我"同一的必然性,所以,在这个意义上它是自由的;同时,不受任何约束的愿望的必然性则是敌意的、可恨的、非人性的、可鄙的必然性。鸟在空中是自由的,鱼在水中也是自由的;每种生物处在和活动在与它的本质相协调的环境里的时候是自由的;人也是一样。谁由于口渴而喝了毒水,那么他的行为是同自己的性格不相适应的,同本人不相协调的,因而也是违反本人意志、违反爱和希望爱自己的本质的,这样做是沉迷于本人愿望中并且听任本人愿望的支配,而这种愿望是异于本人的、敌视本人的。

虽然各式各样的动力以同样的必然性在不同个人的身上起作用,但不能由此得出结论说,它们本身有同样的价值和分量,或是同样的强制力量。一个动力是第一级的,另一个是第二级的。一个动力是原始的,另一个是派生的,它本身又取决于其他的某一动力。想喝水,这首先是解渴的意志,但是归根结底这是生存的意志。我活着不是为了喝水,但是我喝水是为了要活着。想喝水不是我的本质的全部表现:我不是救火的水龙带,也不是啤酒桶或酒桶。虽然我的血里按重量说有四分之三是水,但是,除水之外,它还包含有许多别的东西,有了这些东西才能使它成为血,这些东西才是构成我本质的基础的物质。水只是需要之一,是我的一部分。因此,谁把因口渴而喝毒水的必然性同为了保存自己而不喝毒水的必然性等量齐观,这就抹杀了血和水、部分和整体、人生的大部分和小部分的差异。因此,只有轻率或者(更正确地说)愚蠢才能在实际生活中或者在思想上(反正一样)为了一滴或一口水而牺牲自己的生命。但是感情和理性必然是意志所固有的,因为只有通过它们我才知道我应当希望什么或是不希望什么,什么是我应当做的或者不应当做的。实际的理性无非是我的正确地理解了的意志。我想解除自己的口渴,但是我不想为了对自己行善而使自己受害,甚至最大的害——死亡;与其死亡,我宁可忍受口渴。因此,那个由于误解或愚蠢而喝毒水的人,是想望在头脑清醒时所不会去希望的东西;他会从他在这一行动之后尝到的那种绝望中认识到,他是不顾自己意志的自杀者。

同时,这一行动也证明(虽然是愚蠢地和矛盾地证明),"我想要"这条原则无非就是我想解脱痛苦、压迫和一般伤害的原则;我想要幸福和自由,即使只有一霎那。口渴迫使我去喝毒水,但是这种强迫同时也是使自己幸福——使自己摆脱口渴的痛苦的意志。我不顾意志而忍受口渴,我借助于意志去解除口渴:口渴是必然性;解除是自由;忍受口渴是地狱,但解除口渴是天国。所以,顺便提一下,自然界的地狱同神学中荒谬的、真正恶魔式的地狱毫无共同之处,因为自然界的地狱并非为了折磨而折磨人,——它不是像神学家所说的那样是永恒的、在本身中得到满足的天上圣灵的幸灾乐祸;它也不是对人怀着敌意,它对自己怀着敌意,折磨自己;它想终止这一情况,想转到自己的反面——即天国。因为口渴本身无非是想喝水的愿望,想不忍受口渴的愿望。

　　同追求幸福的愿望等同的追求自由的愿望,——这是自然界的本质和人的本质;这是与其他有机的和无机的自然界有区别的人的自然界。自然界不仅把口渴的必然性加在我的身上,它也给我解除口渴的方法和手段,使我有摆脱口渴的自由,因此也有想除口渴以外的其他事物的自由。因为谁的身子里没有水,谁的脑子里就光是水;口渴的人梦想着水,他就像患着脑水肿。满足某种愿望,一般是意味着要摆脱这种愿望,虽然只是暂时的。

# Ⅵ 必然性和责任

"我想要"。谁会否定这句话呢？谁会不同意呢？即使这句话里意志就像"自我"一样，是绝对的简直无法规定的意志，它只能用本身来规定，也就是不能用任何东西来规定。只是不应忘记，这个意志只是思想中的意志，而实际的意志总是一定本质的意志。我们随便把一群人带到书店里去，允许每一个人按自己的愿望挑一本书。他们每个人都说："我想要"；但是一个人说："我想要这本小说"；另一个人说："我要这本旅行纪事"；第三个人说："我要这本哲学著作"；但是每个人通过他的意志不同而表现出来的，只是借助于意志，而不是通过意志所拥有的自己的本质的不同。如果所有的人的"我想要"都是一样的、不确定的、自由的，那么乌有便会成为每个人的愿望和选择的必然结果，因为愿望的差别一消失，对象的差别也将随之消失。但是，对象的差别消失了，愿望的根据本身也就消失。在没有干燥和潮湿的差别的地方，也就没有口渴和饮水的差别，因此，也没有饮水的愿望。简言之，想要就是想要某种东西。但是想要某种东西，是以有某种东西为先决条件的。例如，我想要这本哲学著作，因为我本人是一个哲学家，即使仅仅从爱好和能力来说；我要这本小说，因为我是诗人。当然，我的本质的规定性不是这样局限的、狭隘的，以致规定我只能读那本我规定自己可以去读的书。不,这种规定性是有一定宽度的,有某种容量的,在这个范围内,我享有选择这本或那本书的自由。被挑选的书所属的那个类也就是挑选者所属的那个类,也就是他的本质的规定性。规定我想要这一本小说的理由和必然性不同于规定和促使我想要一般的小说和诗歌的那种理由和必然性。有某种完全特殊的、在我本质之外存在着的、偶然的理由,正是它们规定我去读这本书,同时它们作为规定我专门或是主要去读这一类书的理由,是与使我成为这种确定的人的理由相同的。

神学曾经区分(我说曾经区分,因为现在已经没有配称为神学的神学,它已经是过去的事情了)——上帝的"自然的或必然的意志和自由意志。上帝通过一种意志想要他所不能不要的东西;通过另一种意志想要他能够不要的或是能够要的同他想要的相反的东西。在第一种场合,他想要的是自己。在第二种场合,是被神奇地创造出来的事物"。但是正如神的本质就是以最高的概括性和抽象性设想出来的人的本质,因此这一无名的、神秘的、神圣的意志,其实只是神秘的、无名的但是因此正好是真实的人的意志。因为人只是隐秘地、只是在神圣权威的掩蔽和外衣之下说出自己真正的意志。因此,这一点如果应用在眼前的情况下,就意味着,通过必然的或自然的意志,我在世上的这个书摊中规定自己去挑选旅行纪事,只要(十分当然地)想知道各民族和各个国家的愿望是我的特殊的和本质的规定性;如果思维的愿望是这种规定性,我会规定自己去挑选哲学著作;如果去写诗歌是这种规定性,我会去挑选诗集。我应当思维,我应当写诗,我应当旅行,虽然这些只是在脑子里想。我需要并且热爱自己的存在和自己的本质,在同样亲切和必然性的程度上,我作为一个旅行爱好者要想去旅行,因而也要读旅行纪事;我作为一个诗歌爱好者想要诗歌,因此,我只想读诗歌作品。通过我的自由意志,我想要或者选择这一著作,因为我能够同样顺利地挑选别的著作去代替它。诗歌的朋友说道,我只要诗集,——任何诗集,不管价钱多贵;在这种场合,我不管作者是谁;荷马还是弥尔顿,歌德还是席勒;甚至是史诗还是戏剧、悲剧还是喜剧都没关系;在这个对书籍的漫无边际的需求中,在我所处的这个孤寂的沙漠中,我只提出一个要求:它必须是诗歌一类的,因为我现在正好不要,也不能读任何其他书籍。意志的自由,不如说,促使人们去接受这本书的东西,产生关于这本书的观念或是作为这本书的基础的东西,如上所述,只建筑在书的种和类或是各本书的差别上;也就是说,这一自由是建筑在下列两类动因的差别上的:一类是使我只想要某一类特定东西的、无条件的(当然只是比较无条件的,因为世上的一切都只是相对的)、不能代替的、构成我的本质的、与我没有区别的、必然的动因或意志;另一类是使我正好挑选这件东西的、可以由其他起因来代替的,正是因此,是与我有区别的、不是必然的或者只是有条件地必然的、本身无区别的、不重要的动因或者意志。否认这个差别,用同一的必然性把一切东西神秘化,——这就是否认大礼服和衬衣之间、衬衣和皮肤之间、头和假发之间、额骨和尾巴骨之间的差别。

但是,如果把意志自由毫无区别地推广到人的每一行动上去,那么这种程度上的差别就将被否定掉。"通常说来,自由行动是:它虽然发生了,但也可能不发生;或者是:可以出现相反的行动。但是那种可能发生相反行动的行动被叫作偶然的行动,因此,偶然性是自由行动所固有的。"那些我可以同样方便地去做或是不做的东西,那些我可以毫无害处、毫无损失、毫无痛苦、毫无斗争就抛掉的东西,它们同我的关系是如此松弛和肤浅,就像外套同我的身子的关系一样。我说外套,而不说内衣,因为虽然有不少人,对他们说来,外套比内衣更亲切,因为外套是他们唯一的区别和唯一的体面,然而同内衣比较起来,外套是对于绝大多数的人都适合的,因为对女性说来,脱去内衣同时也就是抛掉羞耻,因此在别人面前脱掉内衣是不像着上内衣那么自由的。所以过去大家叫嚷得那么厉害,今天也还在吹嘘的那种自由感觉,只能适用于外套,而不适用于内衣,更不必说人类的皮肤了;但是也只有当一个人有几件外套的幸运情况下,才能适用于外套,因为只有一件外套的穷人已经由于可悲的必然性同外套连结在一起了。任何东西如果只有一件,秋季用的也会变为冬季用的、不结实的也会变为结实的、不值钱的也会变成值钱的,偶然的也会变成必然的。我应当有而且应当穿外套,因为没有外套,在资产阶级社会里我就不能存在,不能活动;但是我是穿灰的、绿的还是黑色的外套,——这是由偶然性决定的,因为我可以不穿今天我穿过的绿外套,而不会使自己因此有丝毫不愉快,——这就是自由,因为我不同这件外套连结在一起。但是如果唯一的外套还在当铺里,事情就完全不同了,我不得不留在家中,放过改善自己处境的良好机会,——这种机会可能我以后再也碰不到的。那时我会感觉到自己多么不由自主、多么不幸!人一般感觉到自由和通常意义的真正自由,只是在不重要的、无所谓的情况和行动中,而不是在牵涉到他的利益、他的命运、他的苦痛或欢乐,他本人的存在或不存在(尽管只是关于某种确定的存在或不存在)的那种情况和行动中。

当一个人急需作出极关重要的、决定命运的举动的时候,还在犹豫地自己问自己,——我应当做什么,——当然,在他看来,一切都是可能的,包括同他实际所作的相反的举动;那时候,他有就自己有关的事情去欺骗自己和欺骗别人的自由,他在思想上认为自己的能力是无限的,他在思想上跨出了本人力量的限度,在这点或那点上凭意愿作出决定。然而他的行动却与他在犹豫状态下所想的不同,因为归根结底当对事情必须作最后抉择时,他无可奈何地作出早已被决定了和完成了的决定,——基于他是英雄还是胆小鬼,是自由地思想着的还是奴隶似的思想着的,是高尚的还是卑鄙的,是什么都成的还是什么都不成的所作出的决定。犹豫怀疑是自由的,但是决定则是必然的;一个是先验的,另一个则是我的本质或性格的规定性本身所内在的。怀疑我是否应该做这件事或是相反的事,——这是我一时惊慌失措的、失去正确道路的虚假本质的表现;行动的决定则是不以对我是福是祸为转移而重新找到和恢复起来的我的真实本质。当然,人类没有一个行动是根据无条件的、绝对的必然性发生的,因为在开端和终结之间、在纯粹思想和实际策划之间,甚至在决定和行动之间,在我身上都可以出现无数中间环节;但是如果不去注意这些穿插,那么在一定条件、印象和情况下,在一定性格和气质,一定的身体,简言之,在如此确定了的本质的条件下,我只能够像我已经决定和已经行动的那样去决定和行动。

当然,我无论如何也不会如此片面地、只能不可避免地被规定去做这件或那件举动,就"像悬空的石头要下坠或者像火必然要燃烧一样"(这一普通的比拟在阿弗罗提阿斯的亚历山大关于命运的有趣著作中已经被用来清楚地说明并且反驳那种否定自由的说法),因为人除了规定他去作某一举动的倾向和品质以外,也还有使他不能完成这一举动的倾向和品质。除了把他拴在对象上的某种感情以外,也还有能够使他摆脱片面印象的专制的其他感情。在身材和面貌的美丽方面不可抗拒地吸引着我的妇人,可能由于讨厌的气息而同样使我不可抗拒地永远不想接近她;相反地,作为视觉的客体可能使我不想接近的东西,但作为听觉的客体,光是它的声音就吸引着我。但是在这种情况下,什么东西使"赞成"和"反对"对象的矛盾得到平息或解决呢?使矛盾得到解决的只是规定我的本质的、支配一切的、我身上的最强烈的感觉。在视觉享受占统治的地方,听觉就失去它的奥妙,嗅觉也失去它的灵敏,虽然这只是暂时的。而内心的感情和能力也正像外部的感觉一样。例如,有贪图享受的人,有渴望活动的人。但是一个愿望只是通过压抑其余的愿望和品质才能得到决定性的优势。每一个人,既然他想活着,就都希望而且应当得到享受,因为即使呼吸也是享受——享受上帝的空气。但是要求享受的愿望有它的界限,有它的对立面,即要求活动的心愿,只要记忆一下"工作完成以后才能休息好"这句谚语,就知道要求活动的愿望给要求享受的愿望提供尺度和目的,使享受的自由正好等于要求活动的幸福和自由所允许的程度。如果追求享受的愿望失去了同它这一对立面的联系,如果它占据了主要的或全部的统治地位,那么它就给人打上享受的奴隶的丑恶烙印;追求享受的愿望就会成为对自由的否定,因为自由正好在于我们不受追求享乐的愿望的专制统治;自由正是在于我们可以被别的愿望所规定。如果我内心没有别的愿望,如果我内心除了享受的愿望以外再没有什么东西,那么当然我就既没有意志也没有力量去反对它。意志自由是力量、财富和资本。只有当我能够用其他善去对抗专制愿望的恶,只有当我除了为满足这种愿望所花费的那批款子以外,我手里还牢靠地握有其他宝贝,我才能制止这种专制愿望的恶。

但是如果人真是如此无力和贫乏,以致一种愿望一种品质压抑了人的所有其他的愿望和品质,那么,这些愿望和品质仍然只是被压下去而不是被消灭,因此只要一有可能它们总是准备起来反抗它们的压迫者,反对压迫者的暴力统治;它们准备提出抗议,如果不是用直接的行动,那也必定是用词句。这种抗议,这种充满了谴责的、被压抑的愿望对压制发出的抗议就是良心。贪图享乐的人,只要一良心发现,一有要求活动的愿望,便会对自己说:"你是无赖"。但是由于人类的异常灵活性和可规定性,只要一有任何外界推动,任何震动人心的事件,也许只要变动一下地位,就可能(而且常常如此)把这些良心内疚转变为革命行动,从而使那些一直事实上或仅仅外表上受到压抑的愿望和品质恢复自由和活动,使只知否定的近视的人大为惊奇和丢脸。

人是变化的,但是,当然是在决不能超过的界限之内发生变化;因此应当把这些界限同别人的嫉妒、争吵、懒惰和局限性给他规定的任意的界限严格区别开来。因为人在他关于别人的判断中一般都把有条件的变为无条件的,偶然的变为必然的,暂时的变为经常的;因此他们不允许别人超出他们的先入之见的界限,并且使别人不动地停留在他们据以得出否定判断的那个原来地位和原来程度上。所以人在自己的判断中是如此受到限制的、如此不自由的,不仅在未经深思熟虑的口头判断中,即使在用文字发表的判断和所有这一类判断中,人总是被他对别人的行动所规定的!"人是自由的"。是的,这是对的!但是只有当他不是不自由,当他不是本人成见的奴隶的时候,才是自由的。

人在变化、学习、发展;在他身上常常甚至发展出不但别人认为决计不能有的,就连自己也认为决计不能有的那些品质,这些品质可能只从外表看来就同前此在他身上表现出来的一切品质发生极大矛盾。他的发展出乎父母、师长、同学的一切预料,根本上推翻了根据死板的学究式的决定论对他作出的一成不变的否定判断。然而对于某一事物的拘执的甚至错误的理解和描写还不能消灭事物本身。谁要是给人类以过于狭窄的限界,那就错了;但是谁把这些限界开拓得太广或者甚至达到无限,即空想的程度,那也是错的。人的改变和发展的能力不能推广到超出人的自由的范围,反过来也是一样。我身上发生的变化和我的被自由所制约的行动只是与这样一些极限有关,它们站在界限的这一边;这些极限和界限是我的被规定了的本质的基础。凡是与我的类或种的规定性、同我的特殊本质有关的东西,我都不能像做那样同样顺利地不去做;我必然要做这件事。哪里有我的本质,哪里就有我的天,天在哪里开始,能够做或不做的自由就在哪里终止。甚至在神学的诸天中,即使神灵也没有同他们的存在和行动相反的那种存在和行动的自由。

"一切发生的,——从伟大的到渺小的——都是必然发生的。Quidquid fit necessario fit"。"必然是什么意思呢?必然就是应当从某一充足理由得出的东西。只有在我们了解某一事物是某一理由的结果这一限度内,我们才认识到它是必然的;反过来说,只要认识到任何一件事物是某一充足理由的结果,我们就相信它是必然的,因为一切理由都有强制性。这个实在的解释是如此地十全和包括一切,可以说必然性和从某一充足理由得出的结果是可以互换的概念。"叔本华就是这样说的,他说得很对。但是在规定事物的根据和结果之间,中途上站着我,一个被规定了的本质,这个个人。我是那个中间环节,是这样一个理由,在这个理由中并且通过这个理由某一理由同某一结果联系起来。那种促使我采取行动的充足理由对别人说来却不是这样。而且:甚至就我本人说,对我的这一属性、我的这一企求或愿望说来是充足的理由,对我的任何其他属性、其他企求说来却是十分不够的,甚至是不起作用的;昨天足够让我产生悲伤、愤怒、痛苦或任何其他精神激动的理由,今天甚至不能扰乱我安静的心境。"一切发生的,都是必然发生的",——但是只在现在,只在这一瞬间,在当前这些内部和外部条件下。昨天我写了一封带有侮辱性的信给我朋友。在我昨天的情况和情绪里,我必然要写这封信。但是昨天是必然的,今天却不是必然的。因此,我不仅不把信发出去,还写了另外一封,因为今天我完全用另一种眼光去看那种引起我侮辱性反应的行动。由于我昨天的情况和情绪,我的倒霉的脾气控制不住了,但是今天另一种较好的同时也是较强烈的愿望代替了它。如果我昨天忽然死了,我就会把极不公平的看法带到棺材里去,给朋友留下一个关于我的沉痛的记忆;然而今天我幸而仍然活着,在活着的同时,我也醒悟到我昨天的激动和生气是毫无理由的和不必的。

但是，即使行为在主观上和客观上都是必然的，在这样和这样一些内部及外部条件下是必然的，那么，当行为已经完成之后，当欲望已经满足之后，而行动的顽强的动因已经从意识中消失，或者至少已经失去它的原先力量的时候，行动也就成为偶然的了。对行动应负责任的人往往本人不能通过自我分析作更多的解释，除了吃惊地叫嚷道："我怎么会做出这样的举动呢？我怎么会玷污我看得那么宝贵的自己的荣誉呢？我怎么能够例如为了女人而牺牲自己高贵门第，为了小事而牺牲自己的幸福呢？"

只有当行动已经不是行动者力所能及，当它已经无法追回的时候，它的全部丑恶才在他眼前十分清楚，成为惊恐、羞愧、悔恨和但愿不曾做过的追悔心情。正如当我们的思想已经印出，因此，完全逃出我们掌握的时候，我们的作家良心才会醒悟，我们的错误和缺点才成为我们的最大的羞愧的对象。如果人人在行动之前就有像行动完成之后那样的意识、那样的良心（证明之一是只要哪里没有时间，即没有"之前"和"之后"的区别，也就没有良心），那么也就不会有无意义的和罪恶的行动；但是，也许，也就根本不会有任何行动，这个情况正如，如果作者对一本还在写作过程中的或者刚写好的著作所作的评判就像他对已印好了的、对他说来已经外在化了的著作的批评一样，那么也就不会有书了。我在写的著作完全充满了我的心，它吞食了我当前的全部知识和力量："当我在写，在做这一值得我做的努力的时候，我想：在你写完这一著作以后，你就是一个完美的人。这是你能够创造的最后的也是最高的作品；你把自己的一切都贯注进去，在这部著作中，你做到'主观和客观、理想和现实的绝对同一'"，按照德国人的说法，也就是做到才能或能力同现实的完全相等。但是因为著作是从脑子到纸上,从纸再到外部世界的印刷品上,这样美妙的统一必然又会产生老一套的东西:主体与客体间、思维与存在间、能力与行动间的纠纷。接着创作的乐园而来的就是批评的地狱。当然,现在我已经不是沉迷于自己的著作,我已经与它无关,不再是它的奴隶;由于我摆脱了这部著作,我不仅得到理论上的自由,判断的自由——虽然也许只是在自己的观念和想象中——,还有行动的自由,我能够再去写别的著作。虽然这部著作是必然的,是在我写的当时受我支配的我的精神的最后的、唯一的表现,然而现在,从空间上或时间上说来,当它已经在我身外,并且被我抛在后面的时候,我仍然认为这样的东西,我现在写起它来就会不一样,因此,首先可能而且大概会按别的方式去写它,这是因为我把受到经验教训和磨炼的现在的"我"同过去的"我"混同起来,我把自己后天的知识和本质变换为先天的知识和本质。

行动也像著作一样。即使这一行动在先前是必然的,但后来,在我看起来,它仍然是偶然的,对我身上还保存着的、在后来其他行动中显示出来的能力说来,实际也是这样;对没有被这一行动和作为行动基础的愿望消耗殆尽的我的本质说来,也是这样。这正好说的是人们因之而责备自己并感到懊悔的,因而希望它们不致实现的那些行动。但是,谁要是希望某一行动不致实现,谁就是相信他能够不做这一行动。因为在愿望中不存在使这些行动成为必然的那些条件;愿望不知道有必然性。"自由是信仰的事情",但是信仰是愿望的事情,甚至它无非是被客观化了的在思想中被实现的愿望。谁什么也不想望,或是至少不去想望那些超出当然可能、实际和必然范围的东西,谁也就不会信仰任何东西,至少不会信仰那些属于无边无际的、超感性的和过分的愿望的东西。但是人是想望自身自由和不受条件拘束的;因此,他相信,他所以这样,是因为他希望或者至少在当时希望是这样;因为想望任何东西无非就是去否定必然性,即使是暂时地;这一必然性是所想望的东西的对立面,就像在没有水的时候想喝水,就必然要忍受口渴之苦一样。

"法律是以自由为前提的;如果没有规律,也就没有自由;但是法律是存在的;因此,我们在法律中得到我们自由的保证。"但是法律实际上不过是最高权力所神化、承认和保证的愿望;如果是法规,它也无非是迫使我去奉行的、不奉行就要被处罚的那种愿望,而不管这一愿望来自神权还是世俗权力。因此,"不可偷盗"或者"不可杀人"的法律不过是以命令形式表达出来的关于生命不可侵犯性和财产的神圣性的愿望;是希望不发生或不可能发生偷盗和杀人这些行动的愿望。法律只是把这一可能性变为应当性。应当存在或者应当不存在,这就是被希望的"存在"或者"不存在"。但是应当存在的东西也就是可能存在的;我所希望的东西,我就立即设想到这同时是可能得到的东西。一个人以私人资格说:"我想要"。一个拥有立法权力的人,他就说,我要求。我要求大家不偷:也就是说,我相信,不偷是可能的。

Volo,ergo cogito(我希望,因此,我认为)。我想借助于法律使偷盗成为不可能,这就是说我相信偷盗的对立面是可能的,我相信偷盗是偶然的,窃贼是自由的,他可以同样轻而易举地不去偷盗。正是因为这点,法律(傲慢地相信自己的意愿是无所不能的)对于窃贼的要求,正如我们在这里当作范例的那个善良的、古老的、充满自信的时代曾发生的那样,除了要他懂得偷窃是被禁止的,以便马上把他绞死之外,再没有别的;这样,就不惜 à tout prix(任何代价),甚至以人类生命的代价去实现没有偷盗这一愿望。我不同时把整个人都消灭掉,就不能消灭可恶的窃贼,因此,我就对他不客气:为了消灭窃贼,我除了消灭所有与窃贼有关的东西以外,还要从肉体上消灭整个的人。

法律不关心窃贼同人的联系,人也不关心行动和它的条件的联系。什么东西阻碍我追求幸福的愿望,根本损害我的自私心和利己主义,它就不应当存在也不能存在。这一人类利己主义的基本规律不仅适用于人,也适用于自然界;不仅适用于杀人犯和窃贼,也适用于把疼痛、伤害加在人身上的那些生物和物,在这种情况下,基本规律的广泛应用不是通过哲学思维或法律形式,而完全基于追求幸福的愿望这一绝对命令。如果我因为跳蚤咬我而捏死它,我就是在否认它的生存的必要性;我把它从与我自身和其余世界的有机联系中挖出来;我加在它身上的罪状只是因为它咬人,正如法官或道德家加在窃贼身上的罪状只是因为他偷窃,我指责它伤害人,这是在自爱的和自私的心看来的伤害。因此,结果会是这样:跳蚤咬人,但是它不应当咬,或者至少不应当咬我。跳蚤的咬是对人类追求幸福的庄严愿望的藐视。但是只要跳蚤还存在,它就不能不咬①。我所宣告的死刑判决只涉及一个跳蚤,这一情况

---

① 有些印第安部族吃跳蚤。有一个印第安人这样回答为什么吃跳蚤的问题:因为它们咬他,能够吃跳蚤就满足了他的复仇心情(P.卡奈:《在北美印第安人中漫游记》,1862年版,第86页)。——著者

Ⅵ　必然性和责任　53

只是由于我不能一下把所有跳蚤消灭干净,把整个跳蚤类都消灭,虽然我极乐意能做到这点,一劳永逸地摆脱这种讨厌的虫子,就像一个国家想把所有未来的罪犯同某一个罪犯一同杀死,可惜这是做不到的。

因此,一切恶行,纵然它只是跳蚤的咬螫,也会使人感受凌辱,使人发怒、愤恨和着恼,并且使人,至少在愤恨之时,把与这一行动相应的原因,从而也把恶的意志或恶的本质当作这一恶行的原因。如果原因是必然的,那么行动亦即恶行也是必然的恶;但是被侮辱的追求幸福的愿望和摆脱恶行的愿望却起来反驳这种必然性。因此把自由意志建立在世界的顶峰或是世界的开端上,只有在下述情况中才算是实际的有道理的:对天上造物主的赞歌正如人们所假设的那样,可以使人们摆脱邪恶;肉体的邪恶,首先是死,只是由于魔鬼的妒忌才来到世界上,而道德的恶——罪业——不是必然性理由的结果(因为亚当可能不犯罪),而只是故意欺诈的结果[①];因此,最后一个理由给人们以自由,在当前的情况下,也就是给人以以怨报怨的权利(纵然只是一些骂人字眼,轻蔑地骂"见鬼"或诅咒作恶的人),给人们发泄自己对世界上到处见到的邪恶的愤怒和怨恨的权利。基督教徒嚷道:"O veteratorem nequissimum! 你这个可恶的魔鬼!"波斯人嚷道:"坏透了的该死的恶鬼!"

有些人把说坏话看作是最大的满足;因此为了不要失去这一

---

① 1569年出版的著名的 *Theatrum Diabolorum* 一书中确定地说:"魔鬼,使人类堕落的元凶,由于他的欺诈而使自己得不到最高的和唯一的幸福"等等。这一魔鬼的欺诈是正统神学的基础。——著者

满足的资料,他们甚至把恶事和痛苦归在别人头上,而这些人实际是完全无辜的。而且,凡是人在发怒、不满或者仅仅心情不好的时候,总喜欢把他所不喜欢的那些人物看作是应当对他们的缺点负责的,是缺点的原因本身。人的利己心愈重,愈是不自由,他就恰好愈是更多地把一切必然的、非任意的、不可避免的事物归罪于自由意志。普通人甚至会把苛责人的理论应用到外部的身体缺陷上去,责备驼背为什么驼背。但是虽然人会把过错归咎于别人,但也常常——由于哀伤或其他心理原因——把不应由他和他们负责的罪恶与过错归咎于自己,他也常常会相反地把那些不应得的幸福和美质归之于自己和别人,如:雄伟的身躯、力量、美丽、健康、渊博。他夸耀这些东西,就像这些是他本人的东西,最大的证明就是,不死的灵魂在死时而决不是在活着时可以同他的死亡的身体分离,而伟大灵魂自我感觉和自由的感觉可以被推广到那些同自由绝对没有关系的东西上去。

康德和在他之后的叔本华为了要把他们所承认的人类行为的规定性和必然性同"我们感觉到对自己所做的事情负责和应当负责这一被意识到的事实"(因而我们"可能也不赞同"我们所做的事情)结合起来;为了这种结合,他们采用了区分"人的经验性格和理性性格",即是区分现象和自在的本质的办法。按照这种看法,同经验的规律、现象的形式、时间、空间和因果性有关联的意志和人,是必然这样那样地被规定了的;但是人,作为自在的意志,即超感性的、在时间之外存在的意志,他是自由的,甚至是要对经验性格,或者正是被某一种方式规定而不能不那样做的那种性格负责的。但是这种自由意志只是自在之物的空洞的同语反复,因为这样,不过说的是被幻想为与现实的人的实体的一切规定和条件无关的、因而也是摆脱了对自由的一切否定和限制的意志,——不过说这种意志是自由的。如果像康德所断定的那样,经验不能证明自由的存在;而且,如果经验甚至完全不可能证明这种存在,因为一切事物在经验中都是处在必然的联系中的,那么在这种情况下,自由只是我的思想,而且是同我的其他思维毫无联系的思想;因此,我只是用这种人为的区别来断定,虽然根据经验,我必须否认人享有自由,然而我在思想上认为人是自由的,以便有可能向自己解释什么是责任和为什么应负责任。

叔本华根据"operari sequitur esse",行动由存在决定和人的行动符合他的性格这些理由,径直地把行动的责任推卸到存在上去。这样一来,责任只是在外表上同行动有关,实际上它同存在有关;因此,我得出进一步结论,我的存在和本质只是我的自由意志的罪过或功绩;从而,我的愿望和想法先于我的存在,先于我的经验的表现和体现。但是这种超自然的甚至荒诞的追究责任的理论是同它想要解释的事实有极大矛盾的。人只是对别人要他对之负责(至少在别人心中)的那个东西感觉到自己负有责任,亦即只对他所做的负责,而不对他所是的负责。当然,杀人的人是杀人者,但是这种文法上的存在不能穷尽我的现实存在,因为它只是我的某一行动的表明。我的存在是我对本人的关系;我的行为是我对别人的关系。但是使别人不安的正好只是那些在责任范围内的、我在他们看来所是的那个东西,也就是说是我的所作所为,而不是我的自为的状态。但是存在是自为的存在;存在是质朴而谦逊的,它面对自己、满足于自己;行为是饶舌的和善交际的,它喧嚷，使别人满意或痛苦。固然，任何人都可以由于单单的本人存在这一事实而使别人受到痛苦，在他们的私心的审判庭中——这根本是对私人事情举行审判——甚至会被认为犯有死罪，唯一的理由是他活得比他们所想的所希望的要长；但是发生这种事情只因为这个存在同他们的利己主义是如此地矛盾，以致如果把这种情况除外，那么人只有通过自己的行为才会使自己妨碍别人的利己主义。我应当负责的而且感觉到自己应负责的，当然不是由于我的存在，也不是由于同存在不可分离的不超出存在范围的那种行为，而只是我借以侵入别人的范围，对他们作恶，简单地说，使他们追求幸福的愿望受到危害的那个东西。只有追求幸福的愿望是人类行为的必然性和自由，即非必然性之间的联系。因此，只是为了尽可能保证自己的生命和财产不受侵犯，人们才规定不仅要对那种怀有恶意的或故意的行为加以惩罚，即使违反本人意志或是非故意的，但是伤害别人的行为、或是仅仅由于"不小心、不谨慎"而发生的行为，也都加以惩罚。因此，由于惩罚要求先有法律，所以每个人"负有责任去避免甚至无意地成为犯罪原因的一切行为，也就是说负有努力和小心的责任"（安·费尔巴哈：《刑法》）；"并被要求尽自己的认识能力去做这样一些习惯的事情，而不做这些事情则可能违反主体的意愿而构成确定主体的违法意志的原因"，而对违犯这条法律的人就可以定上"缺乏慎重"的罪名（安·费尔巴哈：《关于 dolus 和 culpa 的沉思》）[①]。但是这样我们是不是在接近于

---

[①] 费尔巴哈在这一段里引用的是他父亲刑法学家安谢尔姆·费尔巴哈的著作。——俄文编者注

任意和非任意的、应负责和不应负责之间的差别的界线呢？而追求幸福的愿望对这个差别又有什么关系呢？人因为一些既不能认为是恶意的也不能认为是无意识的过错的行为而常常耿耿于心，常常烦恼，——只是因为这些行为使他或别人遭到不幸，他对这些行为感觉烦恼就像对故意或非故意作出的行为感觉烦恼一样。当严重的、应该惩罚的行为发生以后，人们总会产生但愿没有做出这种事情的追悔心情，这也就是认为这种行为的对立物是可能的那种思想和信念。我们多么常常地去责备我们过去的行为，然而要不去做这些行为，只有我们在当时已有现在那样的洞察力才是可能的！"唉，要是我当时想到这点！"但是可惜当时我是想不到这一点的。

当时被康德称为理性性格或理性意志（区别于经验性格和经验意志）的东西，被后来的哲学，特别是黑格尔的哲学称为一般意志或一般的人以别于个别意志和个别的人。本文的作者，当他至少在这一点上，即在一般对个别的关系问题上还抱着黑格尔哲学观点的时候，他也借助于这种区别来把必然性和应负责任性结合起来。例如，1837年发表的论莱布尼茨的文章的一个附注中说："个别行为本身不是必然的，但是……就其内容、意义和本质来说，它对作为被规定的本质的个人的我来说，是必然的。但是我不仅是某一个规定了的人，还是一个一定的个别形态下的一般的人……对作为一般的人的我来说，也就是因为在我身上有人的一般属性，至少有良心和禀赋，所以我的行为不是必然的。如果在我身上只是禀赋的那种属性在别人身上已经发展和实现，那么他们的行为在类似的情况下会同我不同一些，或比我更好。对我这个有一定形象、一定界限的人来说,对我的一定的本质来说,这一行动是必然的。"

但是,这种区别已经远远超出黑格尔哲学的范围。一方面它是后退的——一直退到唯名论和实在论的古老争论的那个根源上去,另一方面是上升的——一直升到人类理性和语言的那个极限上去。这个区别不仅是逻辑的和形而上学的,而且是心理的;它是普通人——即是人民中没有经过科学的塑造的人——追究责任的理论的基础。当然,它的根据只是人的本质和天性的等同,而不管他们个别的差异。普通人或一般人所想的,我做或者不做的,别的人也会成功地去做或者不做,就像我一样;但是必须指出,他这样想只是在追求幸福的愿望的原因或基础上,只有当事情对人说来牵涉到一切,甚至牵涉到生命的时候。我,蒂特,不偷东西,但是他,凯伊,偷东西,然而他同我一样,都是人,因此,他能够而且应该不偷,就像我不偷一样。偷窃不是人类天性中的必然行为,否则我就必然要偷窃;可见,偷窃的根源只是意志,如果把这一意志更仔细地规定一下,那就是某一个个人的偶然意志。我叫意志对一切我不明其根由的事情负责;我把那些作为我的理性的缺点的东西,归罪于别人的意志,甚至也常常归罪于自己的意志。由于我在自己脑袋中没有找到人和窃贼之间的任何联系,我在我身外找到这个联系,那就是把窃贼吊在绞架上的那根绳子。由于人本身不是罪犯,罪犯不是人,因此我拒绝这个我已经认为没有人性的坏蛋和恶魔的存在,是完全有理由的。"行为是存在的结果"。在上面这种情况里,这意味着必须用绞刑来惩治偷窃,因为只有当我消灭窃贼的存在的情况下我才能消灭偷窃。

# Ⅶ　个人主义或机体

然而,遗憾的是,除了刽子手的绳索以外,在人与罪犯之间还存在着另一种联系。这种联系就是——吓了一跳吧,你们这些幸福的灵魂!——感觉主义或者唯物主义。可是多可惜啊!这不是那个仅仅为从前的哲学,为国家和教会的奴仆所承认的犯罪学的唯物主义;而且也不是那个毁灭此岸的人以便以此而在虚幻的彼岸世界中受到天国的酬赏的残忍的唯物主义;可惜,不是那个唯物主义!而是那个肯定此岸的人,即现实的、感性的、个体的人的唯物主义,因为感觉主义和个人主义是同一的。然而,它肯定人并不是为了天职(唉!多么不道德啊!),也不是为了黑格尔逻辑的理念(唉!多么不合逻辑啊!)。不是的!它肯定人是出于纯粹的感觉主义的爱的欲望和对生活的眷恋。理性或者那种脱离感觉并且否认感觉的真实性的哲学,不仅不能从自身认识个性,而且把个性当作自己的自然敌人而拼命加以仇视,康德、费希特、黑格尔的哲学学说都证实了这一点。只有借助感觉我才知道,在我之外还存在着另一些生物,另一些人;我是一个与他们不同的个别的生物,正如他们也与我不同一样。然而,我的这种个性不仅散布在那些鲜明的、使我自己与别人相区别的标志和属性上,而且也散布在那些与前面的属性不同的、被我想象为一般的、并且只是被我在人的一般概念中来把握的属性。只有在这一点上,自我才不是个体,这样一来,就可以使我的个别的属性能在一般的属性中有它的界限,而不致触碰和冒犯一般的属性。不是的!个性就是不可分割性、统一性、完整性、无限性;我从头到脚,从第一个原子到最后一个原子,彻头彻尾是单个的实体。"我不是具有某种一定形象的一般人",我是人仅仅是作为这个绝对被规定的人。毫无疑问,作为人的存在和作为一定个体的存在,在我身上是没有差别的。我恰恰和你同样地感觉着、希望着、思维着,但我思维并不是用你的或一般的理性,而是用我自己的、就在这里、就在这个头脑中的理性。我希望着,但也同样不是用你的意志和一般的意志来希望,而是用我自己的、在这里借助于这些肌肉来付诸实行的意志来希望;我也和你一样因为一些正在发生的或者已经发生过的不公正的现象而感到痛苦,但是我不是用某种一般人的心境来感觉,而是用自己的心境——正如在我的血管中的血液是我自己的、个人的血液一样——来感觉。甚至即使我和别人感觉着、思维着、希望着"同一个东西",那这种"同一个东西"毕竟只是对思想而言;实际上,这"同一个东西",正如说我占的位置和我所呼吸的空气与别人所占的位置和别人呼吸的空气是同一个东西一样,是很少相同的。在思想中我不能把这个空间和那个空间区别开来,不能把我所呼吸的空气和别人呼吸的空气区别开来;但是,正是在这个对思想而言的差别结束的地方,那种作为生命和个性的泉源的差别便开始了。除了外表和某些特点之外,个性无论在哪一方面都是不能被翻译和摹仿的;它是不能被了解的,也是不能被断定的;它只是感性的、直观的认识的对象。即使人们都对我们说,我们关于外在的事物

（例如太阳、月亮、星辰）的感觉是假象和幻觉，但是，生命的真实性和个性的真实性只能依靠于感觉的真实性这种说法，仍然是确实可信的。生命的生命就是爱；但是，如果爱不是"一切真理、一切确实性，以及一切实在性的泉源"，正如费希特在《幸福生活的指南》一书中谈到自己的爱时所说的那样（这种爱是虚幻的，因为它是毫无内容的和毫无基础的），它也仍然是个体的可靠性、真实性和实在性的泉源。思想把类和个体区别开来；然而生命、爱却把这种思想上的差别变为某种没有差别的东西，把个体变成为正因为这样才只可能是活着的或者死亡的、存在的或者不存在的"绝对实体"。"存在或者不存在——这就是一个问题"，然而这个问题只有那种依靠于感觉的真实性和爱的真实性的理性才能加以解决。

在证明个性的真实性的一切感觉之间，味觉是特出的，人们不会为味觉而争执个性的权利；"口味无可争辩"这个大家公认的原理已经充分证明了这一点。然而，个性决不仅仅表现在关于同一个对象的感觉和判断的差异上，正如在关于个性的概念中所常常碰到的那样，它还表现在我自己的感觉和判断符合于别人的感觉和判断这一点上。我感觉到自己是一个个体，并把自己表现为一个个体，这不仅是，无论如何不仅是在敌视的拳斗中，而且也在于友爱的握手中。然而，在此时此地来说，问题只是在于上述原理中所表述的那种差别。尽管如此，较之其他感觉，味觉并不更少具有和更少提出对普遍性的要求。例如，孔夫子以后中国最伟大的哲学家孟子说过："口之于味，有同耆也。易牙先得我口之所耆者也。如使口之于味也，其性与人殊，若犬马之与我不同类也，则天下何耆皆从易牙之于味也？至于味，天下期于易牙，是天下之口相似也。"① 因此，每个人都以为他所喜爱的口味想必也是别人所喜爱的，因此，经验同自己的这个假定的一切矛盾都是"完全不可理解的"。而且，不能在思想上超出自己范围之外，毫无差别地和毫无批判地根据自身来推断别人的人，把"强迫他们投入教会的怀抱"这句名言也应用到食道上，强迫到食物，而且不仅是用难堪的请求，而且是用折磨人的处罚来进行这种强迫，正如父母责备自己的子女和教师责备自己的学生所常常做的那样，因为他们恶意地或者固执地厌恶他们所不喜欢的、但也许是他们的父母教师所喜欢的菜肴。尽管如此，仍然有些个人不喜欢吃樱桃或红醋栗。对于某些个人来说，甜酥糕就好像会使他们呕吐似的，正如奇弥尔曼在他关于医疗技术的经验的著作里所报道的那样；有些个人，例如医生阿本的彼得非常讨厌牛奶，以致不仅谈不上喝牛奶，甚至一看见牛奶胃里也要发痛，正如比埃尔在他的辞典中所说的那样；有一些个人不能吃、甚至不能携带神圣的必不可缺的面包，正如上面那位比埃尔在其著作《科学奇闻》一书中关于某个男人和某个女人所说的那样。在其他的感官的领域内，应当有什么样的差别、什么样的特点呢？有些人"仅仅触碰一下绸缎或者桃子就已不堪忍受"，有些人听到非常精致和温柔的声音都会十分惊讶，有些人看见蚱蜢就会立刻晕倒，最后，有些人对"玫瑰、石竹香以及其他各种味道的香花"的香味感到像麻药一样；谁会相信有这样的人呢？

中国的哲学家是正确的。当把人和狗、马以及其他与人不同的动物相比较和对照时，人的个体之间的差别就消失了，正如对于

---

① 《孟子·告子上》。——中文编者注

我们而言,属于某一个种或类的生物的个体之间的差别也消失了一样;在动物界的低级阶段,全部差别都完全消失了,尽管当仔细观察时,甚至低级动物(例如昆虫)的个体之间仍然常常是有很大差别的。另一方面,就对自己而言,人的个体在本质上彼此是有无限的差别的,因为,人的个体的差别消灭了,他们的个性的本质也就消灭了。人与其他东西相区别的那些特性就是:人把自己的美德归功于自己,而把别人的敌对的品质归罪于别人。

实体是他所希望是的那个样子。我全心全意希望是的,就是我从本性上说来是的(尽管不是生来就是的,因为除了在神话中以外,没有存在过任何生来就是英雄的人)。我的本质不是我的意志的结果,恰恰相反,我的意志才是我的本质的结果,因为,我首先存在,然后才能希望,没有意志也可能有存在,然而,没有存在就不可能有意志。当然,我并没有把那种作为我的本质的东西与我自身区别开来,正因为如此,我才不是把它作为某种强迫我的、或者约束我的东西来感觉它(因为,与我不同的那种东西才属于那种强迫我的东西),而是把它认作希望的对象,正如把它的对立物看作是不希望的对象一样。由于意志不过是人的自觉的、在外面起作用的本质,人在自己意识之外对本质毫无所知(除了那个随同意志进入人的意识之中的东西之外),所以人设想意志先于自己的本质,把意志变成为某种对于自己的本质来说是先天的东西,把自己个人的本质变成为别人的法律,把自己的存在变成为别人的义务。"我是神圣的,因此你也应当是神圣的。"义务以存在为前提;义务也就是存在,只不过是那种已经变为普遍的、被推广到别人的、对别人是可能的、和对自己是真实的存在,这种存在是和族类同一的,虽然仅仅是与某一确定的族类——犹太人、罗马人、希腊人、日耳曼人同一的。我是罗马法的仁慈的和关怀的父亲;因此,你也应当而且可能也是如此,如果你不是如此,那你将受到公正的惩罚,因为"你不执行那些文雅的、聪明的、有家教的人们所遵守的东西",正如在国王查理五世的刑事诉讼法的注释中表述的那样。按照印度的法律,丈夫可以对自己的妻子说:如果我高兴,你也应当高兴;如果我忧愁,你也应当忧愁;甚至如果我死去,那你也应当死去;我由于自然的必然性而成为某个样子,那你也应当通过你的意志而成为这个样子。萨克森的奥古斯特侯爵对国王马克希米良二世说过:"我是善良的路德教徒,因此你也应当是这样的教徒,因为,我希望我的臣民在宗教上和我持同样的想法。"我是勇敢而刚毅的,因此你也应当如此,如果你不是如此,那只是你自己的罪过,因为你简直是一个老太婆,既不想成为勇敢的人,也不想成为刚毅的人。由此显然可见,人把自己体力上的优点变成为别人的法律,而在缺点上责难别人。例如,在雅典,按照索隆法规,胆怯是叛国的罪行。爱斯恩在他反对克杰日峰的演说中谈道:"人们责难怯懦的行为,然而,令人奇怪的是,人们因此也就是在责难本性,即天生的属性。为什么有这种责难呢? 这种责难的存在是因为要使每一个人害怕法律的惩罚胜过于害怕敌人,从而使人更勇敢地为祖国而拼命厮杀。"古代的日耳曼人不做进一步的交谈,就把自己的懦夫和逃兵投入深渊中;而古代的斯巴达人做得更彻底一些,他们把自己的孱弱的子女抛到达克特山上的水沟中,因为这些子女不适于政治生活。从基督教国家和基督教法学家的眼光看来,这种做法当然是可怕的。他们非常体贴地关怀着还在母体中的胎儿的权利,写了《论胎儿的权利》的学术论文;但这仅仅是为了要丧尽天良地饿死成年人,或者由于他偷了几个钱而把他送上绞刑台。

但是,如果甚至因为那样一些被公认为显然具有生理基础的属性的缺点而谴责甚至归罪别人,而且,不仅谴责和归罪别人,还可能谴责和归罪自己;如果一个深深感到自己是被人遗弃的人,由于别人对他作了不好的评语而开始感觉到良心的苛责,那么,这更可以说属于那种显然仅仅以人的意志为转移的属性!人把爱活动、爱劳动、勤勉看作是自己的特别的功绩,而把这样一些品质的缺乏当作意志的缺乏归罪于人。然而,勤奋、勤劳、爱活动对于赋有这些品质的人来说,是一种自然的必要性,正如劳动对蜜蜂来说是一种自然的必要性一样。当然,在这两种必要性之间是有区别的。因为人不是像爱劳动的蜜蜂那样简单的和片面的生物;人自身中包含着雄蜂和雌蜂的机能,因此,他也具有一些与自己的勤劳品质相对立的倾向和需要,这些倾向和需要控制着人,以致人在软弱的时候便会因为它们而忘记自己的劳动。然而,多方面的和具有多种感觉的人无论受到欢乐和 dolce far niente(甜蜜的悠闲)的怎样的诱惑,勤劳的人永远不可能成为懒惰的人:人必须工作;假使人具有自我认识和认识自然的力量,那么,人必然是非常正直而善良的,以致他不把自己的这种美德归于自己的意志,而归于自己的本性,归于自己个体的组织。例如,赫拉德尼在评述自己在音响学方面的发现时写道:"我在父母家中所遭受到的限制完全是多余的,因为,在前些年里以及在后一段时期里,我丝毫没有放纵和游手好闲的倾向;然而,我并没有把这一点归功于自己,而是把它看作我的生理组织的结果。"

然而，尽管赫拉德尼没有把自己的活动认作是自己的功绩，但是，那些利用这个活动的战果的人们却因为他的活动而用赞扬和感谢来报答他；另一方面，又用蔑视来谴责那些企图用自己的组织来原谅自己的一无所长的懒汉，因为，我们身体中的一切优良品质都需要人的活动在紧张的劳动和不断的练习中来加以保持、发扬和健全，正如我们身体中的恶劣的品质也需要借助人的活动来加以消灭或者至少加以缓和一样。自然的必然性在于我们是为了保存自己才要吃要喝，至少对我们地上的生物来说这是必要的，因为，大家知道，天体是不需要吃喝的。但是，不应由此得出结论说（这个结论毕竟是对于人的行为的必然性的普通的反驳），因此油煎的鸽子就应当一直飞进我们嘴里，而自然本身已经榨出的酒就应当流到我们咽喉里！当人受伤时，不用说，动脉必然会大量出血；但是，只有当人们没有及时使用止血药的时候，大量出血才是必然的结果。当人对婴儿的尚未长得结实的骨骼从某一方面施加压力，不用说，婴儿的身体必然会出现畸形；然而，只有当人不曾及时察觉出而且不曾消除产生这种畸形的原因时，身体成为固定的畸形才是必然的结果。因此，从某种渊源于我们身体里的轻微的道德恶中，会慢慢地产生出难以消除的大恶，这也是必然的；然而，只是在这种情况下，即头脑——无论是自己的或别人的——没有及时用适当的药品来预防这种后果的时候，这才是必然的。作为完善的成熟的人，难道我们不曾有过这样一种平常的惨痛经验吗，即我们的思想，我们的决心和情绪都是以我们机体的状态为转移？但是，难道同时我们没有那样的愉快经验吗，即我们到外面使身体活动一会儿，或者当我们把我们的生活方式稍微改变一下，就足以使我们摆脱失望、胆怯、愤怒以及对自己和对亲友的仇视和敌意等等情绪？从而，我们不是也有这样一种经验，即通过我们的身体，我们不仅是自然的奴隶，而且也是自然的主人？

甚至笛卡尔也说过："精神对于肉体状态的依存达到了这样的地步，以致如果有可能找到什么方法能使人们比现在这种样子更加聪明、更加敏锐，那么，在我看来，只有在医学中才能找到这样的方法。因为，如果人们掌握了关于产生这些邪恶的原因和自然给予我们的那些反对这些邪恶的手段的足够知识，人们就能摆脱无数的肉体上和精神上的邪恶。"这是完全正确的。摆脱邪恶——只有这样才能算是自由——不是意志的直接品质，不是的，意志是由对于自然的、物质的或者感性的药物的认识和利用所决定的。

诚然，感性是"邪恶的根源，是罪孽和罪行的根源"；然而，感性不仅给予我们犯罪的器官，而且也给予我们反对罪行的药物。经院哲学家拉依蒙德·鲁利曾经热恋过一个女人。可是当那个女人把自己的被癌所毁伤的胸脯袒露在他的面前的时候，拉依蒙德·鲁利便由唐·璜变为修道士了。感性是欢乐的泉源，然而它也是灾难、痛苦和疾病的泉源，是医治无节制的欢乐的最好的解毒剂。令人沉醉的酒是感性的，然而令人清醒的水也是感性的；阿基维阿德的奢侈和狂饮是感性的，然而赤脚的弗西昂的贫苦也是感性的；毒死唯物主义者拉美特利的鹅腰子做的馅酱是感性的，然而，斯巴达式的节制生活中的大麦汤团和黑色的薄粥也是感性的。恶习的妙处是感性的，然而对恶习的后果的厌恶也是感性的。简言之，那些使身体衰弱的、使人疲劳的、使人沦为奴隶的和使人游手好闲的淫荡的恶行是感性的；然而，那些使人强壮的、使人获得解脱的、紧张的、使人得到锻炼的、费力的德行的体操也是感性的。"只有通过服从自然才能驾驭自然。"也就是说,只有借助感性的手段才能驾驭感性,只有借助肉体的东西才能驾驭肉体。恶行都是以肉体为借口的,并且都是依赖于肉体的;然而,美德和智慧也是依赖于肉体的。苏格拉底早在色诺芬那里说过:"我们在利用身体的各种机能时,最重要的在于使身体处于最健康的状态中。甚至在那些似乎最不需要身体的场合下,例如,在思维的领域内,每个人都知道,如果我们的身体是不健康的,我们也便不能达到我们的目的。因为只是由于极为衰弱的身体,健忘、胆怯、甚至愤怒才常常笼罩着精神。"唯物主义是道德的唯一坚固的基础。

毫无疑问,人有力量克服苦难,尽管这不是像对那些最后不可避免地导致恶习和罪行的嗜好、怪癖和恶感那样能够全部地和在同等程度上如愿地加以克服。如果不承认人有这种力量或者自由,也就必然不承认人有能力摆脱那些即使是最无关紧要的、但生根在人身上的邪恶,甚至只不过像人身上的虱子或鸡眼那样的邪恶;而且,甚至也应当否认人有从懒惰的静止转入健康的运动的能力,也应当根本否认存在着一种有益于健康的自然力量和我们身体从任何疾病,即使是最轻微的疾病中恢复健康的能力,因为,在适当的情况下,最轻微的邪恶可能最后导致致命的后果。甚至常常有这种情形,即已被医生的悲观主义宣布死刑的身体,却完全出乎意外地用自己的手段和力量转为健康的乐观主义。不用说,人能够战胜倾向,只有当这种倾向仍处于可以被战胜的阶段的时候,而且只有当人及时地觉察到这种倾向并且使用了各种手段——不仅包括那种借助概念起作用的精神上的手段,而且也包括物质的、有形的药物——来制止这种倾向的时候。因为经验告诉我们,我们教导别人的那些最宝贵的教训和我们自己所有的那些最美好的愿望都不能引起任何有成效的而且能够持久的道德上的变化,如果这些变化不是同时有物质的变化伴随着和支持着的话。贫穷的和没有受过教育的人们之所以犯了许多罪行和染上了许多恶习,只是因为他们不曾拥有、甚至常常不知道那样一些物质手段,只有借助这些物质手段才能有效地制止那些罪行和恶习。例如,富裕的人甚至不必通过牧师和世俗的长官就能与自己的凶恶的妻子分开,只要与妻子隔房分居就能割断势不两立的仇恨和凶杀之间的因果依存性,然而,穷人与自己的凶恶的老婆同用一张桌子、同住一间房间,甚至可能同盖一床被褥,因此只有通过凶杀的暴力行为才能快刀斩乱麻地割断夫妻关系。

如果一个人老是待在同一个地方,老是感受着同样的印象,那么,由于这种致命的单调生活,他会老是这个样儿,而不会有所好转。甚至假定他受到了关于反对"那个诱惑醉汉的魔鬼"的说教的感动,抱定了善良的愿望,然而,一旦他看见旧酒店的样子,他就又沉溺于旧的恶行。另一个人改变了环境,就能同割断与旧环境的联系一道割断与旧习惯的联系,只要这些旧习惯还没有成为他的第二天性[①]!简言之,如果不借助于物质的肉体的手段,意志是丝毫无所作为的;如果没有体育和营养学,道德是毫无用处的。有多

---

[①] 第七世纪西班牙主教圣伊西多尔早已发现并且赞扬了改变环境在道德上的治疗力量。他在谈到他关于至善的思想时说道:"改变环境有时对于新归依者具有一种治疗灵魂的药物的力量,因为,随着环境的改变,情绪等等常常也改变了。"(第2卷,第10章,第7节)——著者

少道德上的缺点仅仅是由于饮食上的无节制而产生的啊！精神病学家普拉茨在1685年说过："威尼斯贵族路德维格·柯尔涅留斯用他自己的经验证明，仅仅简单地节制一下饮食就使他获得了多么不平常的力量来抑制和避免精神激动上的各种不愉快和应得的责难。"因此，加尔维在自己的著作中写到西塞罗时说得非常正确："道德上的自我认识是与营养学上的自我认识非常紧密地联系着的。"有多少的肉体的疾病和精神的道德的疾病都是由于缺少这种肉体的自我认识而产生的啊！有多少我们与亲近的人的误会和冲突都是由于与我们最亲近的东西，即与我们的肉体的误会和冲突而产生的啊！有多少精神上的痛苦和悲哀仅仅是由于胃病而产生的啊！因此，毫不奇怪，十八世纪一位不大著名的传教士在自己的传记中说道："我的肉体是审判官，我的脾脏和由于脾脏的被阻塞而形成的恐惧，使我在没有邪恶的地方看见了邪恶，而且把邪恶加以夸大……患了病的脾脏是世界上一位最严峻的道德家……因为脾脏的病痛常常伴随着敏感的天良。"有多少我们归罪于邪恶的意志、"阴险狡诈"而实际上有着它的最直接的原因的行为，最初仅仅是由于"过失"而发生的，而所以犯下过失，则是因为我们"没有充分考虑"肉体的东西和道德的东西之间的联系，或者也常常是由于我们对于我们机体的规律和简单的特点有着某种从个人和人类的观点看来甚至是不可克服的无知。

因此，对宗教改革时期那些与《路德所谓的信仰的本质》相一致和一般地与《基督教的本质》的结论相一致而发挥了宗教改革在人类学上的意义的医生们的尊敬和赞扬，不仅赋予解剖学——尽管这不过是从伽连那里继承下来的那种解剖学——的研究以医学上的意义,而且赋予道德上的意义,并在此基础上使解剖学成为全人类,特别是正在求学的青年们的知心密友。例如,密朗赫顿在解剖学方面的朋友和导师雅各·米里赫说过:"伽连的解剖学著作,不仅对医学家来说,而且对所有研究哲学的人来说,都是应当人手一册的。因为,关于身体的每个部分及其机能的科学,事实上是哲学中的精华;它向我们教导了道德,改变了我们的癖性,使我们注意到身体的每一部分的本性的要求。"塞巴扬·杰奥多尔·封-文茨海姆在维登堡大学所作的演说中谈道:"研究解剖学不仅有益于保护健康和避免疾病,而且有助于改变我们的性情。因此,高贵的青年们,我请求你们并且向你们建议,大家都来研究解剖学的基本原理,因为,如果认为这门科学只与医生有关,那就错了。诚然,医生比其余的人应当具有更充分的解剖学知识,然而,所有的人对于身体的构造都必须在某种程度上有所了解。只要想一想,例如,对于道德来说,了解知识同意志和心灵的运动之间的差别,从而了解运动的工具,这是多么必要。然而,如果不了解人的身体的各个部分,就绝对不能了解这一点。"他在另一个演说中说道:"知识在脑中闪耀着;愿望的火焰在心中燃烧着;而神经也准备使外部器官活动起来。例如,在大卫的脑中有着'不可奸淫'这条诫律的知识,而处于身体另一部分的燃烧的心并不屈服,而是像暴君一样反抗着,因此,对大脑来说这始终是真正的认识,而心中却燃烧着相反的强烈欲望。虽然如此,大脑中的元老院保持着那样的权力,以致它可以命令神经不屈服于暴君,不要与别人的妻子接触。你们从这里看到,那些不把灵魂的力量与能力区别开来而谈论意志自由的人们的言论是多么荒谬。然而,如果不借助解剖学来研究身体的每个部分及其机能,便绝对不能了解这种差别。解剖学的优点还在于,它使我们了解到人的身体中那样一些器官是多么的脆弱,这些器官是人类生命的泉源,而且从这些器官中产生了我们身体的最重要的活动:饮食、感觉、运动、回忆和思维。不论大脑如何脆弱,它仍然是大部分使人惊奇的活动的场所。考虑到我们各种器官的脆弱情况,我们就能仔细地关心保护它们,养成在饮食上、在各种劳动和运动中自制和节制的美德!不要轻视巴维尔的格言,他号召我们要珍重我们的身体。"上面提到的雅各·米里赫在一次关于医学技术的演说中谈道:"如果我们尊敬任何一种东西,那我们也就是承认这种东西包含着神圣的美德,因为,正如亚里士多德已经说过的,值得尊敬的东西就是某种神圣的东西。"

# Ⅷ  德国唯物主义的宗教根源

有人认为德国唯物主义是从《自然体系》中引申出来的,甚至是从拉美特利的麦蕈馅饼中引申出来的。再没有比这种看法更错误的了。德国唯物主义具有宗教的根源①;它起源于宗教改革;它是上帝爱人的结果,而宗教改革家们不是在捉摸不定的虚幻的爱中,而是在人的灼热的爱中,在父母对自己的儿女的爱中,看到这种爱的例证,或者毋宁说,本质。例如,传教士和神学博士巴维尔·艾毕尔——他被称为"菲利浦的节目单,因为密朗赫顿曾和他商量过关于他所着手进行的一切事情"——在一篇关于父母的爱的演说中谈道:"我深信,上帝容许用最亲密的名字、父亲的名字来称呼他自己,这并不是没有理由的,因为,那个激起父母对子女的慈爱($στοργάζ$)的人,用严肃而纯洁的爱($στοργη$)围绕着你,因此他对你的灾难也是非常关怀的,他对你的亲切的关怀大大胜过于哈纳安的妻子对她的女儿的苦难的关怀,他用《新约》中父亲对浪子的那种慈爱来关怀着你。一旦当我们用父亲的名字来称呼上帝,或者

---

① 在这里,费尔巴哈显然是不正确的。顺便说说,他自己不止一次地证明过,他的哲学是直接同17—18世纪的唯物主义衔接着的,并且是17—18世纪的唯物主义的继续。——俄文编者注

一旦当我们看到,我们的父亲和母亲如何温柔地和孩子一道玩耍,如何抚育孩子,以及如何为了孩子们的疾病和痛苦而焦虑不安,我们就应该想一想这个故事。这个故事使我们深信,当上帝看到我们的苦难时,他一定会更加热情地爱我们和更加沉重地为我们的痛苦而痛苦。"

然而,难道天主教不曾说过同样的话吗?难道它不曾在三位一体和圣母的神秘剧中把这种爱奉为神圣吗?它曾把这种爱奉为神圣,但没有赋予人性,因为否则它就会早就谴责独身生活,或者,毋宁说,根本反对独身生活——这是一种和上帝的本质、意志相抵触的非宗教的法规。在天主教中,只是神学上的概念或者圣礼的东西,在新教中便成为人类学的本质,成为人类学的,也就是现实的、活生生的真理。"上帝就是爱",但是只有当上帝用人爱人、父母爱子女的那种热情和真诚来爱时,他才是在爱。然而,如果说,上帝是父亲,而在上帝之中和在上帝面前代替人的儿子是神人,那么,你就成为父母,但是你不是跟女厨师或小老婆在一起,——如果你是一位牧师,——而是根据你的社会地位和你的神圣原则与你在出身方面相等的女人在一起。只有当你自己成为父亲的时候,你才能通过自己切身的感受和经验而体会到什么是天父的爱。宗教改革的功绩在于,它导致出这个后果,它把人性赋予上帝的爱,并且实现了上帝的爱;爱不仅是精神的或者唯灵主义的词句,它与中世纪的或者现代的经院哲学家的纯活动、纯思维活动是不一样的,它是现实的、真正的人类爱,它具有病理学的本质,也就是说,它是这样的爱:当它看见人类的物质的真实的灾难时,它也会痛苦。为了拯救灵魂避免为地狱火焰所烧毁,神学的精神的爱折磨甚至用篝火来烧毁活的肉体；然而现实的爱却用最大的温柔来抚爱它所爱的人的肉体，为了这个它所爱的人，它也抚爱它自己的肉体。这种真实的、大有益处的、能繁殖的和能养育的爱是人的爱，而不是修道士和神甫的爱，这种爱对于灵魂与肉体之间的纠纷毫无所知，对于那样一种心理学也是毫无所知，这种心理学同解剖学和生理学是相分离的，甚至不以解剖学和生理学为转移。而这种爱，这个不仅惦念着我们精神的解脱，而且关怀我们肉体的幸福和我们的生活的上帝，这个不是在神甫的圣饼中①，而是在我们的自然的肉体中的上帝，这个不是曾经化身为人，而是现在也还和我们的血肉结合在一起，在我们的大脑里燃起了认识之光，而在我们的心灵里燃起了感觉（至少"和它同样"仁慈的"感觉"）的火焰的上帝，——这个上帝也就是唯物主义之父。

由此可见，德国的唯物主义者不是私生子，不是德国科学和外国精神非法结合的产物；他是真正的德国人，他在宗教改革时期即已出现于世；他甚至是马丁·路德的直系的后裔。宗教改革家马丁·路德之子保罗·路德曾经非常生动地描述和证实了唯物主义与新教的家族联系。马丁·路德的这个儿子不是一个神学家，——当时人们可能期望他成为一个神学家，事实上也正是这样期望于他，——而是一个物理学家、一个医生；他不是一个唯灵主义者，而是一个唯物主义者，因为，正如十七世纪著名的医学家卡斯巴尔·霍夫曼所说的，既然他是一个医生，他就对灵魂毫无所

---

① 圣饼，天主教徒在圣餐式时食用的由未加酵母的面团制成的一种饼。——俄文编者注

知。正如他自己在解释希波克拉特的格言时所说的,他之所以成为医生,不仅因为他从小就爱好自然科学,而且因为他的父亲本人也同他一样爱好自然科学,他的父亲劝告和鼓励他研究医学。在解释上述第六条格言第二部分时,这位原物理学家保罗·路德谈到了"那个与大脑相联系的理性灵魂的影响和作用,说这似乎不过是大脑的影响而已",当然他只是作为一个医生说话的,而并没使教会关于理性灵魂的独立性和实体性的理论遭到损害。而且,非常明显,路德医生的唯物主义仍然与教会信仰有着密切联系,而且是为信仰服务的。它的主要目的是宗教的,也就是说,它是为了认识上帝和理解教会的理论。然而,同样非常明显,随着自然科学和一般科学日益独立和日益完善,这个不彻底的、不独立的、幼年的、和自己的对立物相联系的唯物主义,就变成为完整的、独立的、壮年的唯物主义,以致已变成为物理学家的马丁·路德博士的思维灵魂,随着这个灵魂的日益深入和迷恋于自然和物质世界,——因为什么样的科学才可能没有偏好、没有爱呢?——也愈加使自己与肉体等同起来,愈加与教会、与教会信仰发生争执;这个思维灵魂已经不再说它的影响似乎只是大脑的影响,而是说它把这种表达方法十分严肃地变成为一个痛苦的真理。

# IX  医学系与哲学系的争论

如果我们认为,唯灵主义与唯物主义之间的争论只是在哲学范围内发生的,那么我们就会发现我们的眼光是多么狭窄,甚至对那些仅仅对哲学感到兴趣的人们来说,近代哲学史中齐美林格和康德之间——前者写了一篇题为《论灵魂器官》的论文,后者为答复这篇文章也写了一篇论文——的争论也给我们提供了一个鲜明的例证,这个例证警告我们,不要认为这个争论只是在哲学(就这词的狭义而言)的范围内发生的。这个争论必然有助于使我们从一开始就理解它,并知道它是人的不同观点之间的争论,也是医学观点与哲学观点之间的争论;这一争论表明,尽管某些学派的哲学家把唯物主义看作近代的畸形儿,并且幻想他们已经"杀死了"唯物主义,但是,自从有病人和医生那个时候起,唯物主义已经存在,当病人和医生继续存在的时候,唯物主义也将存在下去。因此,那些看见人类的痛苦并深切地关怀着人类的人们必然是唯物主义者,至少当他活在人世间时是如此;因为,只有在宗教的天堂里,痛苦和疾病的唯物主义才被扬弃了,虽然快乐和舒适的唯物主义并没有被扬弃。

当任何一个器官是健康的时候,它便灵敏地和自由地执行着它的机能,以致人完全不感觉到这个器官,因此也不注意这个器官的机能是以身体的状况为转移的。它不曾感觉到任何矛盾和阻力;因此,当人享受着器官的自由活动的时候,他就认为这种活动是绝对的、不与任何东西相联系的、纯粹的活动,亦即"纯活动"。哲学家把健康的、正常的思维器官当作自己的前提,当作自己的出发点;当他的思维顺利进行,不曾因身体的痛苦而发生中断的时候,他只思考自己的对象,如果他想一想自己,那也只是漫不经心的。如果人的这种活动由于身体的原因而发生中断,那么发生中断的原因通常并不是思维器官,而是身体的其他器官,这些器官使人违反自己的意志而想到他的思维是与身体相联系的;因此,人开始把身体看作一种敌视思维的和反对精神的累赘。哲学家本人把自己和一切直接物质的感性的活动和享乐分开来(至少,当他思索的时候,他必须这样做);他只与那种从感觉中抽象出来的思维有关。因此,他便把思维的本原变为抽象的、与肉体、物质相分离的本质,亦即变为 $\gamma o \bar{v} \varsigma\ \chi \omega \rho \iota \sigma \tau \acute{o} \varsigma$(被分离的理性)。他把他所理解的思维、亦即发生在器官之外的活动,看作自己的本质。

哲学家或心理学家认为精神过程不是物质的,而是独立地存在着的;而医生却把精神过程当作病理学的对象。对于医生来说,不用说实际的精神病,就是一般的精神状态,如我们的情绪、我们的判断、意识状态、记忆,也和纯粹的肉体状态一样,都是病的征候;希波克拉特在第二卷第33条格言中已经指出这一点。在他看来,与肉体相分离和不依赖于肉体的精神是没有的;相反地,他认为精神也是实体,精神也和肉体一样,同样也会遭受痛苦和疾病;希波克拉特在同一卷第6条格言中说过:"$\acute{\eta}\ \gamma \nu \tilde{\omega} \mu \eta\ \nu o \sigma \acute{\epsilon} \epsilon \iota$"(精神生病了)。在医生看来,主体——有感觉的和能思维的实体不是一个单一的和简单的实体,而是多种多样的和复杂的实体。伽连提到,希波克拉特曾经说过,如果人是一个单一的实体,那么人永远也不会感到痛苦,因为,在这种情况下,痛苦从哪儿产生呢?伽连为了反驳唯物主义的原子论者,进一步发展了希波克拉特的格言(虽然这一原理也可能掉转头来反对心理学的和唯灵主义的原子论者),他说:"因为我们感到痛苦,那么由此显然可见,我们的实体不是简单的和同样的。"简言之,抽象的思想家只关心他所想的是什么,他是如何思维的,他的思维是否在逻辑上正确,而不关心他是借助什么来思维的。对于这种抽象的思想家来说,思维是在大脑之外发生的动作;但对于医生来说,思维却是大脑的活动。虽然亚里士多德本人也是一个伟大的观察家,甚至在解剖学方面也作了一些发现,而伽连在医学方面长期地居于统治地位,正如亚里士多德在哲学方面长期居于统治地位一样,然而,他们两人正是哲学与医学之间的这种分歧和这种绝不调和的对立的典型代表。在亚里士多德看来,脑是内部器官,它的血液最少,并且最冷,因此,他的机能在于节制心的热,而心却是生命、感觉、运动的集中点和泉源;由于人具有炽热的和血液丰富的心,因此他也有对人的身体的总重量来说重量最大的脑子。阿拉伯著名的医生和哲学家阿维森纳在亚里士多德所提出的差别中给自己的理论找到了根据,在他看来,感受力根源于心,而表现于脑。西班牙著名的医生瓦列斯在他论医学和哲学的差别的著作中驳斥了阿维森纳的意见,在瓦列斯看来,亚里士多德并没有认为脑是有这样的机能,仿佛亚里士多德只是认为脑仅仅具有排泄物的作用,正如他在《论动物的各部分》一书的第二卷第七章中所表明的那样。然而,根据伽连的意见,脑是一切感觉和任意的行动的源泉,是一切感觉、一切表象和概念的集中点,是智慧的贮藏所和思维的器官,因此,脑病便是心理病、精神病的原因。

上面提到的著名的卡斯巴尔·霍夫曼在他的《医疗措施》一书中对于医学和哲学的关系写得很有意思:"伽连经常说,灵魂是身体的正常的关系或者适当的混合和结构(气质),这就是说,它是医学的东西。他向柏拉图提出了下列问题:如果理性的灵魂是不死的,那么,当大脑的适当混合和结构遭到破坏时,为什么灵魂即与身体分离呢?我代柏拉图回答这个问题,因为,灵魂是一个沉没于物质中的形式,在生命继续着的时候身体便利用这个形式作为自己的工具。因此医生按照灵魂这个词的非本来的意义($\mu\alpha\tau\alpha\mu\rho\eta\sigma\tau\iota\mu\tilde{\omega}\varsigma$)而把灵魂称作适当的混合。然而,这并不是说,灵魂真正是那样的混合。而只是说,当这种混合保存着的时候,灵魂也便保存着,因为,既然灵魂是不变的,医学家也就不能确定它的本性。著名的谢尔布常常说到的正是这一点:在混合的事物中,形式不外是一种正确的混合体。既然医生从来没有越出混合的范围,当混合保存着的时候,灵魂也保存着,那么当他是作为一个医生,而不是作为一个哲学家时,他把灵魂称为适当的混合,那他有什么过错呢?"他在另一个地方写道:"我常常说,医学上的灵魂(animam medicam)和亚里士多德的灵魂完全是两回事;而且,如果我们爱真理,那就应当指出:医生作为医生来说是不知道灵魂的(ignorat animam)。"在另一个地方写道:"'作为医生来说,医生对于灵魂是毫无所知的。'可能人们会反驳我,在某一件事情上把我当作医学家,而在另一件事情上把我当作哲学家,因此断言,哲学真理是一回事,医学真理又是一回事。难道不允许这样吗？我来回答这个问题：现在是允许的,将来也是永远允许的。因为科学的形式和性质要求这一点。著名的塞涅尔特曾经证实了这一点。他说,医生把灵魂力看作一种手段,而哲学家把它看作另一种手段。因为,后者希望知道,而前者希望行动。因此医生考察的对象与其说是已被损坏了的灵魂力,不如说是灵魂力借以执行其机能的那种工具。我补充说,灵魂力之所以能执行机能,主要是由于它们有适当的混合和结构。"

老卡斯巴尔啊！不用说,你的名字和良心已经被玷污了：由于你固执地信奉旧的观念,由于你自高自大地相信权威,你便使你同你自己的感觉的证据抵触起来,而天才的哈尔维依却在阿里特道尔夫用实验向您证明了他对血液循环的发现！然而,尽管你在这里表达的不是新的真理,但在目前还具有意义,虽然它也有一些局限性。你指出,你不属于那些头脑简单的、不学无术的人,这些人不能区别不同的观点,这些观点不仅在时间上相互有所区别,而且由于事物的性质也各自有所区别；同一个人能够根据这些不同的观点来影响和谈论同一件事物；这些人不了解,物理学家或者医生都可能是唯物主义者,因为"他们两者都把自己的对象及其物质联系起来加以考察,……他们认为灵魂的特征也是如此,因为灵魂也沉没于物质中；否则,任何活动都是不可能的"。而作为哲学家,一般的思想家或这样的思想家来说,他可能是唯心主义者,尽管这不是就卡斯巴尔·霍夫曼所指的意义而言。如果我作为一个哲学家将否认我作为一个医生时关于灵魂本身所肯定的那个东西,那么便会发生一个与真理不相容的矛盾；然而,如果我关于主观的、哲学上的灵魂否定了我关于客观的、医学上的灵魂所肯定的那个东西,那么,这样的判断是完全符合于真理的。

哲学的灵魂问道:什么是上帝?什么是法?什么是精神?什么是思维?然而这些问题与那个研究这些问题的思维有关,这个思维仅仅根据自己对象的本质来确定自己的本质,它仅仅是作为认识的手段和认识的活动而是思维,因此,在它本身看来仿佛是无机的活动。我在1838年评论一个唯物主义著作时写道:"生理学本身对精神毫无所知,而且,在它看来,精神是虚无,因为精神是生理学的乌有。思维仅仅被思维所决定,并且只能被思维所决定。……因此,思想家只有作为思想家时才能认识思维。"我现在也同意这句话:"精神是生理学的乌有。"但同时加了一句:对于自己或对于我来说,也就是对于那个在精神活动过程中对生理学毫无所知而且不希望有所知的思想家来说,我在思维中是把思维的生理学仅仅理解为病理学、理解为精神活动的严重性失调和对思维的障碍。"灵魂更多地逗留在它喜欢的地方,较少地逗留在它所住的地方。"因此,灵魂更多地处于它所思维的对象中,较少地处于它所借以思维的东西中:进行思维——这就是说,灵魂处于思想之中,灵魂是不在的,灵魂处于肉体之外,但请注意!——仅仅处于思想之中,正如当我向远处看时,我处在此处的我的肉体之外(但请注意,仅仅是光学上的),而转移到我所观看的对象上一样。如果在进行观看的时候,只有借助解剖学和生理学才能成为意识的客体的肉体变成为可察觉的和可触摸的,——那么眼睛便不能观看;同样地,如果在思维过程中,思维的基础和条件成为脑的意识的客体,那么,脑便也不能思维;只有当人不能意识没有原因的结果,没有物质的力量,没有器官的机能,没有脑的思维时,这种情形才会发生。哲学的灵魂说,我思故我在;没有肉体我也能思维自己,因此,没有肉体我也能存在。然而,正如以上所说,这种情况只能发生在思维中,而不发生在现实中,因为,"没有肉体我也能存在"只是意味着:我不思想肉体,我是如此地沉没于思想中,以致我对于自己的肉体一无所知,而且丝毫也不需要有所知。因为,正如眼睛的存在并不是为了观看自己,而是为了观看自己之外的事物一样,脑的存在也不是为了思想自己,而是为了思想别的事物,为了思想对象。器官在聚精会神于自己对象的时候,它失掉了自己,忘记了自己,否定了自己。因此,哲学的灵魂是正确的,它说:cogito,ergo sum,scil. philosophus。我思故我在——但只是作为一个哲学家,一个 res cogitans(能思维的东西)。但是,当它从思维直接转向存在,转向现实的存在,当他把灵魂的逻辑学变为灵魂的物理学,或者更确切些说,把前者放在后者的位置上,当它——因为哲学家从思维开始、除了思维以外,不以任何东西为前提,——把自在的和自为的思维变成为不以任何东西为前提的活动,并从而与人的医学观点、特别是与病理学观点处于尖锐矛盾中的时候,它便不正确了。

诗人和思想家席勒曾以"医学硕士"的身份这样说过:"沉没于无限的领域中,并在自己的昏迷状态中用抽象的世界掉换了现实的世界的数学家,饥饿却把他从他的理智的昏迷状态中驱逐出来;揭示太阳系的复杂的内幕,追寻着那些徘徊在不可测量的天空中的行星的物理学家,扣针的尖端却把他唤回到他的母亲——地球上;发现神的本性,幻想着越过死亡的界线的哲学家,寒冷的北风却穿过了他的陈旧的茅舍,把他唤醒回来,并且教导他说,他这个不幸者是动物与天使之间的某种中间物。"

医学,首先是病理学是唯物主义的故乡和根源。并且遗憾的是,不可能借助哲学上的理由来消除这个根源的影响。当人们尽管仅仅是因为饥饿和口渴而感到痛苦的时候,他们就会违反自己的意志和自己的意识而成为唯物主义者,因为,任何唯心主义的指令,任何创造奇迹的言词,任何绝对命令都不能使他们摆脱这些痛苦。但医学不是那种古怪的、先验的和幻想越出人的范围的唯物主义的根源,而仅仅是那种内在的、停留在人之内的、以人为研究对象的唯物主义的根源。然而,这种唯物主义正是唯物主义与唯灵主义之间争论中的阿基米德支点,因为,归根到底,这里解决的不是物质的可分性或者不可分性的问题,而是关于人的可分性或者不可分性的问题,不是关于上帝存在或不存在的问题,而是关于人存在或不存在的问题,不是关于物质的永恒性和暂时性的问题,而是关于人的永恒性和暂时性的问题,不是关于那种散布在人之外的、散布在天上和地上的物质的问题,而是关于那种集中在人的脑壳中的物质的问题。简言之,只要这场争论不是糊里糊涂地进行的,那么,这场争论所涉及的只能是关于人的头脑问题。它既是这场争论的根源,又是这场争论的终极目的。只要我们阐明了这个绝妙的和最难理解的思维物质,亦即大脑物质,那么我们便能迅速地阐明其他物质和一般物质。十七世纪英国的医学家托马斯·瓦里斯在他的《大脑解剖学》一书的序言中说得很好:"当古代人说,火神乌尔堪借助助产士的工具在邱比德的头脑中发现了米涅瓦,他们是有着正确的预见的。因为真理也只有通过死亡与创伤,甚至通过剖腹产法才能被揭示出来,否则它永远不能被发现。同时,解剖学也给我们发现了一条僵死的,因而也是不完善的真理。科学永远不能固执于它为了自己的完善而需要的那个生命的观点,也不能用任何其他的观点来代替它。生命、感觉、思维是某种绝对本原的、不可摹仿的、不变的、不能异化的东西,是某种只能通过自己才真正被认识的东西,但不是思辨哲学家和神学家的被神秘化的滑稽的绝对。"

# X 唯灵主义的本质

与唯物主义对立的学说——唯灵主义，至少，历史的、值得纪念的、所谓古典的唯灵主义，而不是与异己成分相混淆的（因为这是完全可能的）唯灵主义，例如现代的无定形的唯灵主义，是这样一种学说，它认为人的精神活动、思维和意志，而根据许多人的意见，还有感觉，是以某种与人的肉体根本不同并不以人的肉体为转移的本质作为自己的基础；而因为肉体是有广延性的和可见的，简言之，因为肉体是感性的和物质的，因此，本质便是非感性的和非物质的，因此便被称为精神（spiritus）或灵魂。

精神，或灵魂（为了与动物的灵魂相区别，也称为理性的灵魂），不仅与肉体不同，而且是不以肉体为转移的独立的本质，也就是说，它没有肉体也能存在和活动，——这种情况是灵魂的无形体性和非物质性的必然结果，从而也是对说明它的本质特征的唯灵主义的直接肯定。例如，柏拉图在《斐多篇》中说道："我们的灵魂在它们以人的形象出现以前，当它们还没有披上形体的外衣之前，它们已经存在，并且具有知识"。"灵魂，当它为了研究某种东西而享有肉体——视觉、听觉或其他任何感觉的时候（因为借助感觉来研究任何东西便意味着借助肉体来研究这些东西），它常常被肉体引导到那个经常变化的领域内；与此相反，当灵魂独立地进行研究的时候,它是否不消逝于纯粹、永恒、不死、不变的领域里呢?"按照柏拉图的意见,灵魂自身就是存在于肉体之外或者没有肉体的灵魂,因为,例如,柏拉图在第九章中肯定地说,灵魂与肉体分离之后,是独自存在着的。例如,笛卡尔在沉思第六中说道:"确确实实,我的确与肉体有区别,并且能够没有肉体而存在";后来,他在对他的论敌作第四次回答时继续说:"不应当认为思维能力与肉体器官是如此地联系着,以致没有肉体器官就不能存在。"在《反卢克莱修》①的第五篇中写道:"精神与肉体联系着,但如果没有肉体,它也能够存在。"柏克尔在他的《魔术的世界》中说道:"没有肉体,灵魂也能存在,因为没有肉体,灵魂也在作用着和活动着。"荷兰的哲学教授盖尔波德在他的《伦理学文集》中说道:"无论当理性的灵魂发生的时候,或者当它存在着的时候,或者当它作用着的时候,它始终不以肉体为转移。"他在《物理学文集》中接着说道:"理性的灵魂能够存在于肉体之外,并且不以肉体为转移而活动;否则它就要以物质为转移,但是它无论在发生的时候,或者在存在和活动的时候,都是非物质的。"英国的哲学家巴罗尼在其著作《哲学是神学的奴婢》一书中写道:"当人死后,人的灵魂存在于物质之外,因此,它是不以物质为转移的,虽然动物没有自己的物质。即没有自己的肉体,它的外形和灵魂很少能够存在,正如没有肉体,很少能够感觉和希望一样。但是,人的灵魂不仅当人死后能够存在于物质之外,而且,在认识活动和意志活动中,人的灵魂也能在物质之外

---

① 《反卢克莱修》,1745年巴黎出版的一部未署名的长诗,用拉丁六脚韵写成的。这部诗的作者是麦米雪尔·德·波林尼雅克(1661—1742)。——俄文编者注

发生作用。"伽桑狄在他给第欧根尼·拉尔修的第十书写的注释中谈到:"精神或者理性,乃是意志的根源,它是非物质的或者无形体的,它没有器官;它不与物质相混合,而且是摆脱了物质的;对于纯粹自然的理性来说,这点是如此明显,以致不必提其他的哲学家,就是阿那克萨哥拉已经像亚里士多德所证实的那样肯定地提到了这一点。"亚里士多德(与所有评论家的意见相反,他的学说在这点上是非常隐晦的)正好说过——虽然,他所说的不是一般的灵魂(对于这个灵魂,他毋宁给它下了一个唯物主义的定义,因为这个灵魂中包含着肉体,并且肉体是它的前提),而是那个能思维和认识的灵魂,亦即理性或理智,——这个后者,由于它认识一切,所以必然是不可混合的,也就是没有肉体的,它没有器官,然而它有感觉;尽管没有肉体,感觉就不能存在,但理性恰恰是和肉体相分离的。经院哲学家和神学家追随在他们的老师(尽管是他们所不甚了解的)之后,也作出同样的断言。例如,托马斯·阿奎那在其《神学大全》一书的第一部分中说道:"灵魂在其思维或认识的能力上是分离的(即与肉体分离的),这种能力与视力——譬如说——是眼的活动这种情况不同,它不是肉体器官的能力,因为思维是肉体器官所不能完成的一种活动……人的灵魂由于自己的完美,它不是沉没于肉体物质之中的或者完全包括在肉体物质之内的形式,因此,任何东西也不能妨碍它具有一种非肉体活动的能力。"接着又说:"被称为精神或理性的那种思维的或认识的原则,具有一种通过自身实现的没有肉体参与的活动。但是,任何东西,如果不是通过自身而存在的,它也就不可能通过自身和为了自身而活动。"最后他说:"思维完全是一种非物质的活动。"

## X 唯灵主义的本质

但是，各个的位置是怎样的呢？要知道下面这种学说曾经是教会，因而也是作为神学婢女的哲学的共同的和肯定的信条，这种学说认为：当人死后，灵魂离开肉体而存在着，甚至没有肉体，灵魂也能希望和思维，而且还能感觉，感觉欢乐和痛苦；在复活节那一天的可怕的法庭上，这些灵魂重新与自己的肉体结合起来。仅仅关于人死后与肉体分离的灵魂的位置和状态的争论，正是天主教教会与新教教会之间的争论。

虽然如此，某些唯灵主义者断言，当人死后，灵魂或者精神仿佛具有肉体，至少，如十八世纪著名的哲学家和神学家康茨在其《关于灵魂不死的确凿证据》一书中所说，具有"某种精细的肉体，这个肉体是从那个埋在地下的比较粗糙的肉体中产生出来的，正如火酒是从葡萄酒酵母中产生的一样"。此外，莱布尼茨也说过：一切被创造出来的精神，其中包括天使，从来不是无形体的。但是，灵魂具有肉体或者没有肉体，这完全无关紧要。从所引证的章节中看得很明显，从非物质本质这个概念中也必然得出这样一个结论，即灵魂可能既在肉体之内，也在肉体之外，既与肉体相联系，又与肉体没有联系。唯灵主义者企图阐明灵魂与肉体的联系，或者是使这种联系达到某种可以理解的程度，然而，所有这一切企图已经遭到失败，而且也应当遭到失败，因为，唯灵主义的真正意图和意志不是灵魂与肉体的联系（至少不是与虚幻的肉体，而是与物质的和真实的肉体的联系），相反地，是灵魂与肉体的分离。唯灵主义乃是一种关于灵魂的学说，它所指望的不是这个现世的生活，而是另一个来世的生活。灵魂存在于肉体内的时候，却被认为是没有肉体的，以便当人死后灵魂仍能没有肉体而存在。不死与无形体性是一回事。"一切精神的东西,一切与物质脱离肮脏联系的东西,都是不死的。"柏拉图首先证明了灵魂的非物质性,而且也首先证明了灵魂不死;他是这样一种意义的历史证明,即在逻辑上把灵魂与肉体、与一般的物质分离开来,其目的在于当人死后在物理上、在物质上把灵魂与肉体分离开来;关于不死的一般证明就是这种证明,从柏拉图的《斐多篇》开始到孟德尔逊的《斐多篇》为止,不死的证明始终是以灵魂的无形体性或非物质性为根据的。康德首先割断了这个联系,使灵魂不死只是成为道德上的要求和结果,因为,他按照他的唯心主义,或者说按照他的怀疑论,他宣称,被唯灵主义认作是自在灵魂的真实的和客观的本质的那个东西,只不过是自在灵魂的主观的和想象的本质,或者说得更正确一些,只不过是关于未知的自在灵魂的本质的纯粹空想。然而,他在肯定唯灵主义的不充分性同时,也断言唯物主义的不充分性,他所根据的是这样一条原理,即物质的东西是外官的对象,而灵魂是内官的对象。因此,康德脱离了唯物主义;老实说,当马勒伯朗士在其主要著作第三卷中写下面这段话的时候,他已经做到了这一点:"因为我相信,只有通过关于自己精神中所发生的一切思想或内在感觉,每个人才能认识自己的灵魂,因此我也相信,谁要想判断自己灵魂的性质,他就应当求教于这种内在感觉(因为这种内在感觉经常把人忠实地反映出来),而不应当违背自己本来的意识把自己想象为某种看不见的火,某种温柔的空气或和谐的声音。"

# XI 关于上帝的学说与关于灵魂的学说的统一

从唯灵主义的灵魂出发,——这里指的只是唯灵主义的灵魂,而不是怀疑论者康德的灵魂——只能阐明死后的生命,而不能阐明死前的生命,亦即现实的、真实的生命,也不能阐明思维和感觉;同样地,从唯灵主义的灵魂出发,只能引申出神学,而不能引申出人类学,只能获得上帝,而不能获得人。然而,那个首先着手划分经验心理学与理性心理学的沃尔夫曾经写过,心理学把自己的原则提供给神学。但是,一般心理学与所谓理性心理学一样,实际上不外是经验神学,正如神学也就是理性心理学一样,因为那个在理性心理学中被说明,而在经验心理学中被当作事实的灵魂与肉体之间的联系,是与理性矛盾的,因为它是与灵魂的本质或灵魂的概念相矛盾的。只有神学才是真正没有矛盾的心理学,因为神不外是摆脱与肉体(物质)的矛盾联系的灵魂;而灵魂不外是被约束的、潜在的、为异类因素所混合和玷污的神。

正和神一样,灵魂是无形体的,因而也是不占据空间的和没有广延性的本质;然而,由于它与肉体的不幸的结合,它总是被系在一个位置上。例如,福尔日在他关于人的精神的论文第十二章中说道:"决不能说,精神自身单独地处于某一位置上,因为,既然它是没有广延性的,它便不可能占据任何空间。但是,如果我们把精神看作与肉体相联系着的东西,那么就这个结合而言,我们就可以说,它是较多地处于这个位置上而较少地处于另一个位置上,因为要使精神与之相联系的肉体不占据任何空间,要使这个肉体与其他各个肉体之间不保持一定顺序和一定的位置,这是不可能的。但是,当我们说,精神处于某一位置上,而不处于另一位置上,这只能理解为它与某一肉体联系着,而不是与另一肉体联系着。因为,如果我们不这样地理解,那就决不能设想一个由思维构成它的全部本质的实体,却能处在某个位置上。"既然灵魂与肉体相联系,它当然处于某一位置上;然而,灵魂处于某一位置上与灵魂"不处于任何位置上"——这是笛卡尔学派与沃尔夫所使用的术语——如何能协调呢?灵魂如何能同时处于某一位置上而又不处于任何位置上呢?要知道,当灵魂与物质结合时,它并没有丧失自己的非物质的性质,因此也没有丧失自己的不占据空间的性质和不处于任何位置上的性质。例如,尼撒的格列高里在他论灵魂的著作第十章和第十一章中说过:"灵魂并没有由于它与肉体的结合而发生变化,它并没有被缠结在肉体中,也没有与肉体混合。"然而,上帝的无所不在不过是那个摆脱了肉体的反抗和肉体的矛盾的灵魂的无空间性。如果,唯灵主义否认灵魂的无空间性这个概念,并把广延性强加在它的身上(尽管这种广延性是想象的,而不是物质的、真实的),那么这就是说,它也把这样的广延性强加在上帝身上。心理学怎样,神学也就怎样。经院哲学家做了一个宝贵的发现:灵魂不处在任何的"何处"(in aliquo ubi),而只是"仿佛处在任何位置上"(ut in loco),这就是说,不是真正地存在于任何位置上。诚然,上帝无所不在,但只是"ut in loco"(仿佛处在任何位置上)。沃尔夫自己在他的《自然神学》一书中,肯定了并详尽地论证了经院哲学的这些胡言乱语。

关于灵魂的无空间性所谈的一切,对于灵魂的无形体性或者非物质性也具有意义。灵魂与肉体相联这一说法事实上只能意味着我们否认灵魂的无形体性。当我们说:灵魂有肉体,实际上这就是说:灵魂是有形体的,它具广延性和形象。真实的情况是这样的:人的灵魂具有人的形象,公牛的灵魂具有公牛的形象。如果我们说存在着非物质的灵魂,那我们就应当否认灵魂与肉体的联系,或者说得更正确一些,我们应当根本否认肉体的存在。灵魂的情况怎样,上帝的情况完完全全也就怎样。诚然,我们可以从世界达到上帝,从肉体达到灵魂,但是,决不能从上帝下降到世界,从灵魂下降到肉体,只要我们不想用皮靴去换取球拍的话。如果我有上帝,我就不需要世界,因为我从上帝那里能获得无限多的东西;如果我有非物质的灵魂,那我就不需要肉体。既然如此,那就抛掉它吧!公开地和大声地否认你在你的灵魂深处秘密地否认的那些东西,否认当你承认灵魂的无形体性时你所宣称为胡言乱语的那些东西,而承认只有在上帝身上非物质的和无形体的灵魂,才是没有矛盾的真理。

格列高里在上面提到的那部著作的第十二章中说过:"灵魂是无形体的,然而上帝才是真正更加无形体的",仿佛无形体性存在有不同的等级,仿佛灵魂的非物质性只是幻影和错觉。关于单纯性也是如此。有人说,灵魂是单纯的,然而,正如奥古斯丁所说:"只有上帝才真正是最单纯的",因为灵魂的单纯性与灵魂的多样性、灵魂的多变性、灵魂力量的多样性是相矛盾的,而灵魂的多样性则植基于肉体器官的多样性。关于不死也是如此。灵魂是不死的、永生的,但只有在人出生"之后"(a parte post),而不是在人出生"之前"(a parte ante),即不是从最初开始,因为这种情况只发生在上帝身上。然而,这两种不死——"之前"的或者没有开端的,和"之后"的或者没有终端的——是相互从属的;前者是后者的前提和完成;因此,许多人相信灵魂的先在,相信灵魂的存在先于它的肉体的存在。但是,这个假设是一个多余的幻想。先在的灵魂就是上帝。因此,关于灵魂的这种属性,人们仍然说:"只有上帝是不死的。"人们想否认上帝的统治,却不想同时否认灵魂的不死,仿佛有可能把上帝、自然界和人类分开,却不同时把唯灵主义和心理主义溶解于理性唯物主义之中,而心理主义归根到底不过是善良的和幻想的唯物主义而已。再没有什么比这种想法更滑稽可笑的了。只有上帝才能解决灵魂的命运问题,只有他才是灵魂的表明和实现得非常清楚的概念;只有他才是那个作为摆脱了由于与肉体相联系而产生的模糊不清的概念的灵魂而出现的灵魂。概念是真实的、客观的、坦率的、完善的心理学,因为所谓心理学——不言而喻,这里说的是唯灵主义的心理学——只是神学的畸形儿,是上帝的灵魂与人的肉体的不信神的唯物主义之间的不自然的鸡奸关系的产物。

但是,怎么能根据一些个别属性来证明关于灵魂的学说与关于上帝的学说的统一呢?这种统一在于事物的本性自身:唯灵主义者与有神论者肯定地宣称,在神的灵魂与人的灵魂的属性之间没有别的差别,除了作为无限的和无穷的实体的神的灵魂的属性具有无穷的性质,而作为有限的实体的人的灵魂的属性具有有限的性质以外。然而,神的灵魂是无限的,只是因为它与肉体没有联系,人的灵魂是有限的,只是因为它与肉体、与物质有联系。与肉体结合在一起的灵魂就是人,并被称为人,没有肉体的灵魂就是上帝,并被称为上帝。

如果有人不了解或不愿了解在人的精神或灵魂与被称为上帝的灵魂之间除了上面提到的区别外没有别的区别,那么,它的根据——这里,问题只是关于本质而不是关于意志,只是关于形而上学和心理学,而不是关于道德——就在于感性总是无意识地出现于灵魂与上帝之间;就在于,实际上人从来没有摆脱过,而且也不可能摆脱感性,亦即灵魂与肉体之联系,因为作为唯灵主义者的人,只有在自己想象的和自己思维的灵魂概念中才能消灭这种联系;因此他把感性的人悄悄塞入自己的灵魂中,简言之,他借助幻想的能力而把唯灵主义与感觉主义联系起来。例如,由此便得出奥古斯丁——在另一些情况下,他是一个热狂的唯灵主义者——的这样一条原理:灵魂与肉体、与肉体的器官是相似的①。由此便

---

① 唯灵主义者正是在他否认感觉或者在他仿佛觉得他否认感觉的地方才肯定感觉的真实性,同样地,他也经常把感性的人偷偷运进感性之外的和超感觉的灵魂中,顺便提一句,从这里可以看得很清楚,他是怎样想象灵魂与肉体的关系的。他正是把肉体想象为工具,想象为器械,却把灵魂想象为艺术家;由此可见,他把灵魂对肉体的关系想象为人对外界事物的关系一样,而人是借助自己的肉体、自己的感觉和自己的双手来作用于外界事物的。因此,他当然认为肉体和灵魂可能被等同起来的想法是荒诞无稽的和不可理解的。《反卢克莱修》的作者洋洋得意地感叹说:"大风琴演奏家依赖于自己的乐器,如果乐器没有适当的结构,他是不能用它来演奏的;但是,难道因此就应当认为大风琴演奏家和乐器是一回事吗?"这里作者没有想到他只能用这个荒谬的例子证明,唯灵主义是幻想的和愚蠢的唯物主义。——著者

产生灵魂与上帝的不相容性,因为上帝是单一的,但是单个的灵魂却是无限多的。然而,上帝的单一性只是那个保持着自己的纯洁性和坚固性的灵魂的单一性,因为,当我们同意单一性、多数性和差别时,简言之,当我们同意灵魂的众多性时,我们也就背叛了灵魂的唯灵主义,甚至违背自己的意识和意志而投到唯物主义和感觉主义的怀抱,因为,不同灵魂的多数性只能从无数不同的人的感性知觉中产生。莱布尼茨所提出的无限差别原则实际上就是感性的原则;因此,不在积满尘埃的书籍中,而在清新的自然界的花园中(虽然也是在非常不适当的地方①)找寻确证或反驳,这不仅不是可笑的,而且还是完全合理的。布尔达赫在其著作《人类学》中说道:"每个人的肉体在它的内部结构、脉管的分枝、肌肉的固定等等方面都具有自己的特点,以致共同类型之形成,只有靠某些确定的形式的频繁出现。最显著的差别在于脑回的多样性,因为,无论就数目、宽度、方向而言,各个人的脑回任何时候也不是完全相同的。各个器官在大小和重量方面同样也是各不相同的;例如,某些人的大脑的重量比别人的大脑的重量整整超过一磅。"身体的这种表现在它的各个最小部分上的显著差别使得我们得出这样的结论:这种差别正是精神能力差别的基础。这一结论的可靠程度,正

---

① 费尔巴哈在这里是跟黑格尔争论,因为黑格尔曾在《逻辑学》中写道:"没有两个东西是相同的这个命题击败了这个概念,根据一个有名的趣事,在莱布尼茨描述这个命题的花园里也击败了它,莱布尼茨以这一命题鼓励他的夫人在许多树叶中去寻找两片相同的树叶,但是他们两人都没有找到两片相同的树叶。——当形而上学在花园中从事这种寻找,除了比较树叶而外,它不需要作任何其他的努力来研究它的论述,这时,对于形而上学来说,乃是它的幸福时刻!"(《黑格尔全集》,1937年俄文版,第5卷,第496—497页)——俄文编者注

如男女灵魂之间的差别只能产生于男女肉体之间的差别这种说法的可靠程度一样;适应着妇女的体态的变化,妇女的观点和性情也跟着变化,这点也是确实可信的。但是,对于非物质的灵魂来说,男人与女人之间的差异,甚至人的肉体与动物的肉体之间的差异意味着什么呢?人自己的身体上的头部与臀部之间的差异意味着什么呢?既然一般的肉体或者肉体的本质在灵魂的本质中被扬弃了,在灵魂的本质中被否定了,那么,我们借助自己的笨拙的感官所感受的关于人与动物之间的一切物质的和肉体的差异必然也将被扬弃和否定,我们自己身上头部与臀部之间的差异必然也将被扬弃和否定。"灵魂不仅存在于整个肉体内,而且也存在于肉体的各个部分",因此它在尾骶骨中也如在头脑中一样,同样地在思维着和感觉着。根据这些理由,某些神学家和法律学家始终一贯地断言,只要当婴儿的肉体的任何一部分从子宫内伸出来的时候,便可以给婴儿行洗礼;而另一些人则根据一些明显的理由——这种理由与灵魂的本质是正相矛盾的,因为"肉体不属于灵魂的本质"——只允许把这种荣誉给予头脑。

虽然如此,许多唯灵主义者仍然承认并且表示,不同灵魂的众多性的基础、一般差别的基础,不在于灵魂,而在于肉体、在于物质。例如,马勒伯朗士在其著作《真理的探求》第一卷中说过:"自然界的事物是无限地多样的,物质事物尤其是如此。"托马斯·阿奎那在其《神学大全》中说过:"物质是形式个性化的原则",或者,是灵魂个性化的原则。他在另一个地方说过:"物质是单一性的原则。"但是,因为作为神学家的经院哲学家相信,天使,即无形体的精神具有无限多样性,所以,作为哲学家的他们便找到了下面的出路;他们断言(正如阿里伯特在他对第欧尼西的《天上的教阶制度》一书所写的评论中所做的那样):"天使具有某种个性化原则来代替物质,并由此产生了天使的众多性。"甚至天主教会也在利维十世时在拉杰朗大教堂通过了这样的决议:灵魂在增多着,因为它注意到它所注入的肉体的众多性。唯灵主义者自己也看出这一点,他们肯定地说,在无限性与精神性、亦即非物质性之间存在着联系,或者,甚至毋宁说,存在着统一。例如,德奥菲尔·盖尔在其《一般哲学》中说:"人的精神的非物质性是精神的几乎无可计量的和无限的理解力的基础。因此便产生一个常常一再重复的说法:理性由于理解而变成为万物;灵魂,正如托马斯·阿奎那追随亚里士多德之后所说的,是某种形式的万物;由于感觉,它变成为一切感性的,由于理性,它变成为一切理性的,由于精神,它变成为一切精神的。由此也得出了这一原理:形式愈是非物质的,形式便有愈大的内涵,便愈加是包罗万象的和无穷的。"然而,哲学唯灵主义者,至少是基督教唯灵主义者也部分地承认无限性与无形体性的这种统一,从而也承认上帝与灵魂的统一;但是他们只是片断地、间接地和无意识地表达这个真理,因此,必须把他们的各种没有联系的判断连结起来解释,才能看出它们的真正意义在于神学与心理学的统一。对于笛卡尔和莱布尼茨也可以这样说。

# XII  笛卡尔和莱布尼茨关于上帝的学说和关于灵魂的学说的统一

黑格尔在其《精神哲学》一书中写道:"笛卡尔、马勒伯朗士、斯宾诺莎、莱布尼茨——所有他们都把上帝表述为灵魂与肉体之间的关系,而且是在这种意义上,即灵魂的有限性与物质不过是它们互相之间的想象的关系,并不具有真理;因此,在这些哲学家看来,上帝不仅是用来标志这种不可理解性的另一个词,像一般所做的那样,而且相反地,他们把上帝理解为灵魂与肉体的唯一真正的同一。"①如果撇开斯宾诺莎,这种说法就完全不正确了,因为在这种情况下不得不发现这种同一在于,笛卡尔作为一个虔诚的基督教徒,按照教义问答,不仅把上帝看作精神世界的创造主,而且看作肉体世界的创造主。但在这里问题只是在于作为哲学家的笛卡尔,即黑格尔在这个意义上所解释的笛卡尔。笛卡尔只知道两类实体:一类是有形的或具有广延性的实体,一类是思维的或精神的实体。上帝属于后一类实体。然而,上帝与物质、与有形实体是如此地很少联系,以致只有在上帝身上"Cogito, ergo sum"(没有肉体我也能思维自己),从而没有肉体我也能存在这一原理才能变为

---

① 参阅黑格尔:《哲学全书》,第3部,"精神哲学",第389节。——俄文编者注

真理和现实；只有在上帝身上，人类精神的固有本质才明显地表现出来。因为，笛卡尔肯定地说："老实说，精神与人的肉体相结合，并不属于精神的本质"，从而，精神被感觉和幻想、亦即被感性形象所沾污，也不属于精神的本质，因为，后者只是从精神与肉体相结合中产生的。然而，正是在上帝身上，或者说得更确切一点，上帝本身——因为非精神的宾词（例如威力）是从自然界中汲取的——只是"思维的实体"，只是"意志和理性"，不过他没有感觉、幻觉或想象力，从而他不是物质的东西和非物质的东西之间的联系或同一。不管怎样，这个上帝在把灵魂与肉体联系起来；但这不是他的本质，他的本质是与这种联系根本相矛盾的，因为，"在上帝身上没有任何与外界事物，即有形实物相类似的东西"。正如笛卡尔的忠实的信徒们所肯定地说过的，只有上帝的绝对自由的意志——固然，这种自由意志是与他的本质同一的——才能完成这个结合的奇迹，然而，这种自由意志也恰恰同样地能够不完成这个奇迹。

只有这种结合才是人的精神的局限性和有限性的基础，正如与此相反，只有这种结合的消灭、亦即灵魂与肉体的分离，才论证和构成了神的精神的无限性。《哲学原理》一书中说："上帝包含着所有我们能够认作无限完善的或者没有被不完善所局限的东西。世界上有不少有限的、这样或那样地不完善的事物，尽管我们也发现它们有某些完善处；然而我们不难理解，它们之中的任何一个都不可能是上帝所固有的。例如，由于广延性是物体的本性所固有的，由于有广延性的东西可能被分解为各个部分——而这就意味着缺点，——因此我们得出结论说，上帝不是物体。尽管我们具有感觉是我们的某种优点,然而,因为我们是靠外部印象才获得感觉——而这就意味着我们依赖于什么东西,——所以我们就不应该把感觉妄加在上帝身上,而只能认为上帝具有理性和意志。"在《谈谈方法》中也同样地说道:"我明显地认识到我身上的理性本性与肉体本性是有区别的,同时理解到一切组合物都证明了依赖性,而依赖性显然是一个缺点;我因此得出结论说,由这两种本性组合而成,决不是上帝的一种完善性,因此上帝不是由这两种本性组成的。"①这不意味着肉体是人的精神的依赖性、不完善性和局限性的根源,那它又意味着什么呢?

笛卡尔在《第一哲学沉思集》的第四个沉思(他在这里探讨了产生谬误的原因)中写道:"我觉察到,在我的心中不仅现出上帝,即至善至美的实体的实在的或者肯定的观念,而且也现出非存在、亦即离任何完善性无限辽远的那个东西的某种否定的观念。我自己仿佛是上帝与非存在之间的中间物,也就是说,我是这样地被安置在最高的存在与非存在之间,以致在我身上,因为我是最高存在的创造物,所以确实没有任何可能把我引向谬误的东西;然而,既然我把自己看作以某种方式分有虚无或者非存在的东西,也就是说,既然我自己不是最高存在,既然我缺乏物的众多性,那么我就易于产生无数缺点,因此,我发生谬误是不足为奇的。"②如果这种非存在不是精神的非存在,亦即上帝和精神所摒弃和诅咒的肉体,

---

① 《谈谈方法》,第4部(参阅《笛卡尔选集》,1950年俄文版,第285页)。——俄文编者注

② 参阅《笛卡尔选集》,1950年俄文版,第372—373页。——俄文编者注

那么,这种不存在又是什么呢?如果产生怀疑、幻觉和谬误的根源不是精神与非精神本原的结合,不是思维和不思维的实体的结合,那这种根源又是什么呢?难道这个结合本身不已经是矛盾、非真理和感觉的欺骗吗?如果从这种结合中产生的东西不是真与伪,实有与非实有的不断混合,那么从这种结合中又产生出其他什么东西呢?

在《谈谈方法》中说道:"上帝是至善至美的实体,我们身上的一切存在的东西都是从他那里得来的。由此就应得出结论说,既然我们的观念或概念是清楚明白的,既然它们在一切情况下只能是真实的,那么它们就是某种来自上帝的、实在的东西。由此可见,如果说我们也常常有许多错误的观念,那就只能是当这个观念不是清楚明白的时候,因为,在这种情况下它们与非存在发生了关系,因为我们并不是绝对地至善至美的。"[①]然而,为什么我们不是至善至美的呢?如果上帝是我们精神与物质相结合的根源,那他也就是我们的谬误和幻觉的最初根源。

当笛卡尔从有形物的概念断定有形物的存在时,他引用了上帝的真实性。然而,他的上帝是如此地真实,正如基督教神学和教会的一般上帝一样,而教会的上帝毋宁说是一个充满矛盾的和充满欺骗的实体,例如,它肯定说,在外貌上它是单一的,而在内部它又是三位一体的;它在口头上否认三位上帝的存在,而在内心又承认三位个别的个体的存在。只有在这种情况下,即当上帝没有说

---

① 《谈谈方法》,第 4 部(参阅《笛卡尔选集》,1950 年俄文版,第 287 页)。——俄文编者注

出也没有做出任何与它的本质相矛盾的东西的时候，它才是真实的。然而，只有把灵魂与肉体分开，而不是把灵魂与肉体结合起来，才能符合于它的本质。上帝的存在和本质正在于否定物质存在和否定物质本质，因此从上帝中引申出物质正如从物的否定中引申出物的肯定，从物的非存在中引申出物的存在一样。在笛卡尔看来，只有当他从上帝的概念中引申出上帝的存在的地方，也就是在关于上帝存在的本体论的证明中，上帝或精神才是真实的；因为这个证明与他的"我思故我在"是非常密切地联系着的；而且，这个证明是他的这种心理学基础的具体的或神学的表现。上帝，而不是有形世界，是与那个实体——它说："我思故我在；我是只能思维的实体"——相符合和相类似的客体。笛卡尔说："我们对于上帝的至善至美的认识要比对于有形物的认识更加清楚明白些，因为它更多地充满着我们的思维，它比较简单些而且没有被任何界限所模糊。"他还同样地说道："我关于人的精神的观念比关于任何有形实体的观念要更清楚明白得多，因为人的精神只是一种能思维的实物。"

然而，下面这样一个观念也同样是一个清楚明白的观念，即只有人，只有肉体（甚至当笛卡尔撇开肉体而思维自我的时候，也没有从肉体中解脱出来，因此，他自己也根据这个观点谈到自己的依赖性，按照他自己的供认，这种依赖性只具有肉体的原因）才是模糊的和难于理解的；因为在神的精神与人的精神之间是没有区别的，而在那个存在与观念、与可思维性吻合的实体中，只有那个存在与思维同一的本质可以成为对象；存在与关于无限思维实体的观念的不可分离性只是灵魂与肉体、精神与物质完全分离的表现。

本文作者在他从前的著作中,特别在他的《关于莱布尼茨的神学和神正论的意见》一书中,指出了上面提到的本体论的证明的真正意义在什么地方;这种意义只有当我们不是个别地、而是把它与自我和思维实体的概念联系地来考察的时候才能了解,因此我在这里只是顺便地把它提一提。

尽管如此,如果灵魂或者精神应当与肉体建立联系,那么,要使他们之间的联系不与精神的本质相矛盾,这种联系应当是怎样的呢?它应当具有这样一种性质,这种性质是意识或者思维与这种意识或思维的客体(而且任何有形物都可以成为这种客体)之间的联系所具有的,因为,按照笛卡尔的说法,我自己的肉体是如此地与自我相区别,如此地处于自我之外,好像与我完全无关的任何肉体一样;在最好的情况之下,它只不过是我的 idée fixe(固定的观念),这个观念与其他无差别的和暂时的观念或有形物的观念是不同的。

笛卡尔说:"通过疼痛、饥饿、干渴这些感觉,自然界也向我表明,我不仅像舵手被安置在船上那样地被安置在我的肉体内,而且我与肉体是如此紧密地结合着、混合着,仿佛我已经和肉体构成一个整体。要知道,如果情况不是这样,那么,当我的肉体受伤的时候,我作为一个只能思维的物,就不会感觉到疼痛,而只有通过理性才觉察到这种挫伤,正如舵手通过眼睛才看出它的船被某种东西所损坏一样。而当我的肉体需要吃喝时,我直截了当地认识到这一点,甚至预先不感到任何模糊的饥渴感觉。"[①]诚然!自然界

---

① 《第一哲学沉思集》,沉思第六(参阅《笛卡尔选集》,1950年俄文版,第398页)。——俄文编者注

教导我,我与我的肉体构成一个整体;与自然界处于尖锐矛盾的唯灵主义的精神,甚至莱布尼茨的唯灵主义也没有教导我这一点,因为,在莱布尼茨那里,灵魂与肉体之间的联系乃是观念。在莱布尼茨的哲学中,灵魂与肉体之间的矛盾所以不像在笛卡尔的哲学中那样尖锐,这只是因为他求助于一个模糊的观念,由于这个观念,灵魂与肉体之间的关系本身也变得模糊了。然而,在灵魂坚持自己的非物质的本质的地方,就谈不到精神和物质在上帝身上的同一。莱布尼茨肯定地说道:"只有上帝才是一个真正与物质相分离的实体。""除了上帝之外,一切被创造的精神都有肉体。"然而,正是精神与肉体的这种结合才是似是而非的、想象的,而不是真实的,"因为,肉体是这样地动作着,仿佛没有灵魂似的,而灵魂是这样地动作着,好像没有肉体似的"。因此,灵魂与上帝相区别的原因,就仅仅在于物质的可见性,在于模糊不清的观念。灵魂不过是模糊的或不明显的上帝,而上帝不过是清楚的和明确的灵魂,是人的灵魂的显露的意义,这种意义没有模糊的观念也可以思维和表达。雅可比在其《论休谟》一书中对他从莱布尼茨那里引证的最后一个原理补充说:"你忘记了莱布尼茨精心拼凑的'per impossibile'(通过不可能的东西)这种说法;他常常允许自己作出这种形而上学的虚构。"然而,只有在这样的情况下,即如果上帝,至少像莱布尼茨对它所了解的那样,在他那里具有形而上学虚构的、事实上并不存在的意义,那么莱布尼茨在这里表达的思想才可能不是形而上学的虚构。上帝是没有肉体、没有物质、也就是没有模糊观念的灵魂,因为正如莱布尼茨所说的,"物质构成了我们的肉体或血肉,形成了我们的不完善。"由此可见,只有在上帝身上我们才能获得纯酒,只有在上帝身上我们灵魂的完善(excellence)才能被揭露出来并成为对象;虔诚的基督教哲学家马勒伯朗士在其著作《论上帝的爱》中写道:在灵魂与肉体结合的真正生命中,我们灵魂的完善故意地对我们隐蔽着,以便使我们不至于过分地耽溺于我们实体的完善(de l'excellence de notre être),不至于因此而自鸣得意。

　　黑格尔把马勒伯朗士也归入那些把上帝看作灵魂与物质的同一的哲学家之列。在马勒伯朗士的许多著作中,例如在他的《真理的探求》一书第三卷第九章中,以及在他的《关于形而上学的对话》中,有着许多证实黑格尔的这种论断的表述。在《第三对话》中写道:"精神与肉体之间并无本质的联系,而它们与上帝却有必然的联系。没有肉体,精神也能思维,但精神只是在上帝的理性中才能认识某些东西。没有精神,肉体也可能是有广延性的,但肉体只有在上帝的不死性中才能如此。肉体的结构与精神的结构毫无共同之点,因为肉体不能思维,而精神没有广延性。但是,它们两者却与上帝的本质有关。广延性即是活动性或实在性(réalité),而一切实在性都处于无限的东西中。同肉体一样,上帝也是有广延性的,因为上帝具有一切本质或完美,然而他的广延性不同于肉体的广延性,因为他没有他的创造物所固有的那些局限性和缺点。和精神一样,上帝也能认识,然而,它的思维方式与精神的思维方式是不一样的。在上帝身上,思维并不是一个接一个的,不是相互有别的。他总是单一的和无限的。他不是一个这样或那样地被规定的实体,他绝对地是一个没有局限性的实体。"①然而这种看起来好像是如此自由的、既包含肉体又包含精神的、普遍而无限的实体，仔细看时原来不过是能够无限地思维的精神本质，也就是说，原来是纯粹的唯灵主义，因为上帝只是以一种非肉体的方式包含着肉体，只是以一种非物质的精神的方式包含着物质。在摆脱了物质的上帝身上，只具有物质的观念；按照马勒伯朗士的意见，真实的物质乃是那种应当被认为是最卑下的、最被轻视的、最不完善的、与上帝离得最远的东西。然而物质与上帝疏远的程度和我们与上帝疏远的程度是一样

---

① 费涅隆在他的《论上帝的本质》(丹顿版，巴黎，1860年，第2卷，第5章，也许，这是他从马勒伯朗士那里剽窃来的)中同样写道："因为无限的实体不能被任何形式的实体所限制，因此就应得出结论说，上帝既不比肉体在更大的程度上是精神，也不比精神在更大的程度上是肉体，老实说，他既非此，也非彼。"在此以前他还写道："上帝具有肉体的全部本质，但他并不为肉体所限制，他具有精神的全部本质，但并不为精神所限制。他是这样地具有全部本质，以致他具有自己的各种创造物的全部本质，除了那些限制这些创造物的界限而外。"为了使虔诚信教的人们不至于怀疑他陷入泛神论，他在上述版本中把这一段做了一些掩饰并缓和了语气。不过，后来他又做了修正，他说："为什么《圣经》说上帝是精神呢？这是因为要使无知的人们懂得，上帝是无形体的，是不受物质界的界限所限制的，他和精神一样是有理性的(intelligent)，他具有各种存在于思维中的美好的东西，也就是说，它具有思维的全部完善，而没有思维的局限性。"然而，所有这些局限性归根到底却被归结为感性或者物质，被归结为肉体：人是有限的精神，也就是被肉体所局限的精神，而上帝则是无限的精神，也就是说，上帝也是不受肉体界限的限制的精神。因此，例如，上帝是没有思想的连贯性的。然而，为什么人的思维是连贯地发生的呢？这是因为人的思维是一个物质过程，因为每个思想都必然与思维器官即大脑的组成部分的某种运动和变化相联系着，而任何一个运动，任何一种变化都不是时间之外发生的。那种现在被人们用秽言辱骂的、被看成为使人类精神大为贬低的东西，亦即把思维理解为物质活动的这种愿望，到了将来，当它在这个模糊不清的领域内获得了显著进步之后，就会被当作人类精神的极其伟大的胜利而获得赞扬，正如那些原来被看作天上的、超地的星辰，现在被降低为和地球（它曾受到"道德的和宗教的感情"所辱骂）相似的天体，将来也要被当作人类精神的胜利而得到赞扬一样。——著者

的。我们的精神和我们的灵魂只是与上帝"直接地和公开地"联系着的；灵魂所以与我们的肉体相联系只是由于上帝的全能的意志；然而，这个意志只不过是灵魂与肉体的实际结合的模糊不清的表现，虽然它们在本质上是互不相容的。诚然，灵魂是与肉体结合着的，至少是与现时的真实的肉体、而不是想象的、过去的或将来的肉体结合着的，这种结合与上帝和精神的本质是这样地处于矛盾之中，以致这种结合只能在任何邪恶的基础之中，亦即在与上帝的疏远之中发现自己的原因。"当我的手指被刺伤的时候，我感觉到疼痛，我感到不幸；我不能思维自己的现实的幸福；我的灵魂只能关心我的受伤的手指，疼痛渗透了我的整个灵魂。多么可怜啊！精神依附于肉体，由于与肉体的联系而看不见真理。我说：把它们分开吧！更多地关心自己的手指，较少地关心自己的真正幸福吧！某种秘密就隐藏在这里。"马勒伯朗士在上面提到的《对话》中回答道：宗教给哲学揭开的那个秘密，就是堕落，这种堕落使灵魂这样地依附于肉体，这样地成为感性的，甚至成为"好像是有肉体的"，以致灵魂由于肉体的痛苦和欢乐甚至忘记了上帝和自身，甚至把自己和自己的肉体混合起来。灵魂与自己的卑下的肉体混合起来；如果灵魂对自己具有一个清晰的观念（如马勒伯朗士不仅在上述章节中，而且在其他章节，例如在《基督教的思维》中企图使人相信的那样），如果灵魂以自己的美妙、伟大和完善而受赞扬到这样的地步，以致它除了自身以外不想到任何别的东西，那么，这就证明灵魂与肉体之间的差别只在那些不清楚的和糊涂的头脑中有其基础！

# XIII 所谓同一哲学的唯灵主义，或对黑格尔心理学的批判

如果说黑格尔在马勒伯朗士、笛卡尔和莱布尼茨那里发现了他的关于精神与物质、灵魂与肉体的统一学说的话，那么这就意味着，这个统一具有一些特殊的情况，由于这些情况这个学说同时也是这个统一的对立物。由于他的关于对立统一的哲学的最高原则，所以这个学说必然是这个对立物，而且实际上就是这个对立物，因为这个统一的秘密乃是矛盾。只能在如下场合才能发现灵魂与肉体的真正统一，这就是：如果既否认无灵魂的，即死的肉体（因为与灵魂相对立的肉体仅仅是尸体），又否认无形体的灵魂；如果用动物学和人类学来代替心理学与灵气学。但是黑格尔仅仅否认肉体，而没有否认灵魂。对于他，肉体没有任何真实性，灵魂却是全部真理。正如思维和存在的统一仅仅意味着思维与非存在（因为存在与非存在是同一个东西）或与其自身，即与思维的统一一样，灵魂与肉体的统一也仅仅意味着灵魂与其自身、即与肉体的拟人的非存在的统一。黑格尔的心理学是莱布尼茨关于下述这一点的已成为真理的被实现的思想：灵魂是这样地在活动着并从自身导出一切，仿佛没有任何肉体一样；这是心理学的、或唯灵主义的专制与绝对主义。应当倾听另一方面，只有这个原则才能解决

一切争端，但是在黑格尔的心理学中却完全找不到这个原则的应用，而旧的唯灵主义却仍然认为肉体是敌对的方面。黑格尔在《精神哲学》中说道："实际上，非物质的东西与物质的东西的关系不是像特殊的东西对特殊的东西的关系那样，而是像超越特殊的东西的真正普遍的东西对普遍的东西的关系；物质的东西在自己的孤立化中（为什么在自己的孤立化中？难道不是同时在血液循环系统中，较之在头脑中更多地在神经系统中的非物质的联合吗？）不具有任何真实性，对于非物质的东西说来不具有任何独立性。"①"精神是物质的存在着的真理，因为物质自身不具有任何真实性。"②

简言之，作为存在着的非物质性的精神乃是物质的存在着的非真实性或卑微性，因为物质的基本定义，按照黑格尔，乃是"外自在"和互为外在的"多—一"；灵魂是内在性、普遍性、统一性，从而是"外在性、分散性、众多性"的否定之扬弃。因此，不仅仅是作为形而上学，即抽象的客体的一般物质，而且实在的、有形的物质，即有机化学、生理学与解剖学的物质，对于灵魂说来也没有任何真实性、任何意义。"恰如各式各样的不同的表象不能证明自我的外在性与实在的众多性一样，对于有感觉的灵魂说来，有形物的真实的外在性也不是真理。灵魂直接地、亦即自然地和具体地被感觉所确定；但是这个有形本原的外在性与感性的多样性不论对于灵魂或对于概念都没有任何实在的意义，因此，对于它说来也不是界限。"③

---

① 黑格尔：《哲学全书》，第389节。——俄文编者注
② 同上书，第389节，附录。——俄文编者注
③ 同上书，第403节。——俄文编者注

因此，黑格尔的心理学依据于"动物磁性现象，因为在这些现象中精神同空间、时间的巩固的联系消失了，而这种联系为理性以及因果的理性联系所承担；在这些现象中，在感性存在的界限内，出现了精神对外在性及其外部约束性的超越，而对于理性来说，这种超越乃是难以置信的奇迹"①。黑格尔的心理学认为，动物磁性现象之"摆脱空间与时间的框子，摆脱一切有限的联系是与哲学有近亲关系的某种现象"，当然是"与思辨哲学有近亲关系的某种现象，因为只有思辨哲学才能够理解动物磁性现象，而且对它说来，动物磁性现象也不是不可理解的奇迹"。因此，黑格尔的灵魂（对它说来肉体的一切界限与一切有限的联系都消失了）"不借助于眼和光"，这就是说，撇开与视神经以及同它相关联的其余经验的废物的联系，亦即不用角膜、水状液、瞳孔、晶状体与玻璃体，"就能直接感知可见的东西"，便毫不足怪了。特别引人注意的只有这件事，灵魂"主要地在心窝"发现了"他那代替视觉、听觉和味觉"的神秘的"一般感觉"。"例如，在动物磁性现象尚未发现以前，里昂的一位法国医生治疗过一位病人，这位病人仅仅借助于心窝来听和读，并且可以读另外房间的人手中拿着的书，而另外房间的人是根据医生的指示，通过他们之间的一连串的人同站在病人心窝近旁的人联系着的。"无所不在的灵魂（对它说来，并不存在肉体的外在性和从头到五官的差别性）也能够向手上的胼胝传达出自己的良好的一般感觉，并把头发尖选作自己的创造奇迹的活动舞台，恰如经院哲学家的无所不在的上帝同三位一体一道，同圣父、圣子和圣

---

① 黑格尔：《哲学全书》，第406节。——俄文编者注

灵一道，在本质上亲自存在于最微小的点上，甚至存在于一根头发尖上一样。关于这件事，我要再问一次，当存在着上帝、存在着在其完整性和统一性中拥有只以支离破碎的形式存在于世界的一切的实体的时候，当这一最高的实体整个地存在在每一个原子中的时候，为什么存在着世界呢？但是，为什么当那个没有眼睛也能看的灵魂存在的时候，肉体，例如眼睛也存在呢？当上述一切都被变成一个简单的词——灵魂的时候，为什么存在着这种结构、这种"细目"、这种物质的精微性呢？为什么非广延性的物体需要这种有长度、宽度和深度的广延性呢？为什么单一的、不可分割的、不可割裂的实体需要这种无穷尽的分割、划分呢？如果认为一切光荣都不应归于脑自身，而应归于另外的非物质的实体，那么为什么存在着这种脑、这种优越的器官（它不仅不同于其他所有的器官，而且它自身也是如此不同、如此混杂、如此迷乱）呢？

但是，那个不以空间和时间为转移的、作为"能直观的和能感觉的灵魂"甚至能观察在空间和时间上远离的事件或者想象它能够观察它们，并且不需要任何物质条件和手段而对于肉体具有妖法或魔力的灵魂，对这一切有什么关系呢？多么可怕！甚至母胎中的婴儿都受这魔力的支配，因为这一魔力"对于母亲的灵魂的直接影响是完全敞开着的"。这种影响，这种"母亲内在灵魂运动的有形体现在所谓胎记的那些现象中显露出来，固然，其中有些现象把自己的出现仅仅归功于机体的原因，但是多数的现象，无疑地把自己的出现，归功于母亲的感觉，因而是起源于心理学的原因的。例如，人们说，婴儿生来肱骨就不正常，是由于母亲真地折断过自己的肱骨，或者，至少是由于她受过沉重的打击，以致她害怕自己

XIII 所谓同一哲学的唯灵主义,或对黑格尔心理学的批判 113

的肱骨折断,或者一见肱骨折断就如同惊弓之鸟一般"。但是,怎么能够突然用肱骨折断的粗俗的唯物主义来证明母亲和婴儿之间的"不可分割的灵魂上的统一"呢?"感性的、物质的外在性和中介的非真理性"怎样会突然变为外科学上的真理呢? 在那甚至"借助于脐带或胎盘同母亲的联系,都因为具有外在的解剖学上的和生理学上的性质,而在本质的心理学关系条件下完全不被注意"的地方,骨头的联系又怎样能保持呢? 灵魂是肉体的物质上的外在性的扬弃,因此也是骨骼的物质的外在性的扬弃。为什么母亲的灵魂("作为能感觉的",它同时也是有愿望的、有理性的和有信仰的灵魂)没有把对于神祇和奇灾大难的恐惧代替对于折断肱骨的恐惧传达给她的胎内的婴儿呢? 在这种心理的统一的条件下、在这种直接的影响下,从母亲的灵魂中所具有的、与信仰的象征相联系的表象向婴儿的灵魂过渡,难道不比从母亲的与肱骨折断相联系的表象向婴儿的真正的肱骨折断过渡,更容易和更自然吗? 如果胎儿在母体内的截肢,如果胎儿为了保持自己的独立性而用来包裹自己的"特殊的皮",不是人的想象力的界限,那么为什么我们不能像古代和中世纪那些信徒所想象的那样,设想婴儿在母体内就会因宗教的喜悦而雀跃并歌唱福哉,玛利亚呢!

对立物和对象在这一领域以及在其他各个领域的绝对的同一,或者毋宁说绝对的混乱,没有给争论的现象洒上真理的光,而是使它陷于神秘主义的黑暗中。因为,正如李赫尔茨早在1785年他对穆拉托里的《论想象力》一文的附录和评论中曾经很好地指出过的,这里谈的是:"母亲的想象力是否能",——因为,只有她才是神秘的魔力,——"赋予自己的胎儿以某种物体的形象,或者使他具有类似某种对象的东西,这种物体或对象曾引起她极其强烈的印象,她对这种对象感到异常强烈的爱或憎,它使她陷于惊恐之中,或者唤起她的愤怒?"按照黑格尔,灵魂不仅对别人的肉体具有魔术般的支配权,对自己的肉体也具有魔术般的支配权,自然,后者因为是"最直接的",所以也是最强有力的。但是,如果灵魂能在别人的肉体中引起胎记一类的现象,那么为什么想象自己怀孕了的疯人的灵魂,——的确有这样想的疯人,——不能借助于魔术使他自己的肉体真的怀孕呢?同样地,为什么著名的玻璃脚——玻璃臀部在人类癫狂史上也起了重要作用——不能变为真正的玻璃呢?对于魔术说来,有什么是不可能的呢?它能使肉体变成"顺从地执行它的意志的没有任何抵抗力"的东西,这就是说,它能使肉体成为把人的幻想加以实现和对象化的能力的执行者。但是,对于想象说来,有什么是不可能的呢?它具有心理上的全能。因此,不连贯性的明显的矛盾、真正的奇迹,乃是不仅相信心理的奇迹,而且宣扬这些奇迹,并从自然界中引申出灵魂的黑格尔;他在他的《宗教哲学》中并没有把神学的奇迹和奇异的现象(例如,无形体的精灵、天使、恶魔以及它们的侍从巫婆),这就是说,所有那些仅仅由于启蒙运动才破产的现象,当作思辨的真理来加以证明。要知道,他的《逻辑学》本身便是无中生有的逻辑结构,便是"无中不能生有"这一旧原理的否定。但是,无中生有是奇迹的第一个条件,是基本的奇迹;每一个奇迹都是无中生有。

但是,关于黑格尔心理学的病态现象谈得已经够多了,而这一心理学是他所生活的那个时代和地点条件的产物,因为这三者是不可分离地彼此联系着的,而且是以下这种情况的鲜明的证明:正是在精神有意识地表明它不以一般地点和时间条件为转移的地方，它无意识地证明了自己对时间和地点的最局部的条件的依赖性。我们给予黑格尔以与他那个时代，即先验的浪漫的反动时代相适合的荣誉；但是我们不要忘记，就是"绝对精神"也是同地点和时间的条件相联系的。我们且转向更令人快慰的心理现象，以便论证我们的这一原理，即在黑格尔的心理学中不可能有关于灵魂和肉体同一的任何说法，因为在他那里灵魂是无依无靠的，亦即没有肉体的；因为在他那里自我满足的灵魂也同在所谓二元论的唯灵主义中一样是敌视肉体的，因此，他的绝对的同一只不过是绝对的片面性。

不错，黑格尔宣布，"那些认为人根本不应具有机体，因为这样人便不得不关心于满足自己的生理要求，使他脱离纯精神生活并对真正的自由无能为力的人的意见是空洞无物的。哲学应当理解，精神所以成为自身仅仅是由于：它一般地把自己同物质的东西（一部分作为自己的肉体，一部分作为外部世界）对立起来；它把这种被区别的东西归还给以这种对立性和这种对立性的扬弃为中介的、与自身的统一。精神和它自己的肉体的结合，较之精神和外部世界的结合，自然具有远为亲密的性质。但是，正是由于我的肉体和我的灵魂的这种必然的联系，直接以肉体为指归的灵魂的活动才不具有最终的、仅仅否定的性质。我首先应当使自己坚信我的灵魂和我的肉体的这种直接的和谐；对于后者不应当采取轻视和敌视的态度……'如果我按照我的机体的规律而活动，那么我的灵魂便在我自己的肉体中是自由的'，——这个原理是完全正确的。但是，紧接着又说：'然而，灵魂不能停留在同它自己的肉体的这种直接统一中。这种和谐的直接性的形式是同这个灵魂的概念相矛盾的,是同灵魂对于其自身说来是理想这个规定性相矛盾的。为了同自己的这个概念相一致,灵魂应当把自己同自己的肉体的同一变成为精神所规定或以精神为中介的同一,进而占有自己的肉体,使它成为自己活动的顺从而灵巧的工具,把它改造成为灵魂在其中可以与自己发生关系的那种程度。'"①

"直接地"这个词,黑格尔用得无限频繁,但是他的全部哲学却没有这个词所表明的那个东西,即直接的东西,因为黑格尔从来不超出逻辑概念的范围:他从一开始就把直接的东西变成最间接的东西、亦即抽象的概念的属性(用他的话来说就是"环节")。事情在这里也是这样。灵魂处于同肉体的直接统一中,但是这种直接的统一应当加以扬弃,应当被转变成为统一,这个统一以灵魂和肉体的对立为中介,为精神所规定,从而,这个统一自身已经是间接的,它仅仅被想象为直接的东西。但是,难道说不存在灵魂和肉体的永恒的,亦即直接延续到生命和意识的终结的那种统一吗?这种统一,对于中介化的一切辩证法的诡计说来是不可分割的,它不仅在逻辑的意义上,而且在生理的意义上和肉体的意义上都是直接的东西。怎样才能扬弃灵魂和肉体的这种直接的统一呢?只有用生理的、肉体的形式,即只有借助于自杀。但是,难道说灵魂在消灭肉体的时候不也消灭自身吗?由于自杀的人不希望再活下去,不希望再思维和感觉,因为他只能思维和感觉苦恼的东西,灵魂不是借此证实了自己和肉体的直接的不可分割的统一,而且既

---

① 黑格尔:《哲学全书》,第410节,附录。——俄文编者注

是用自身行动的原因，也用行动本身证实了这点吗？当对灵魂说来肉体没有任何真实性、任何实在性，当灵魂，按黑格尔的说法，仅仅是以扬弃和消灭肉体性为中介的概念，或者更正确地说，只是概念自身时，那么在黑格尔那里又怎能谈得到灵魂和肉体的直接统一呢？我们在这里又怎能有哪怕是一点点肉体性的痕迹呢？

"灵魂必须占有肉体"。但是，难道灵魂对于自己的肉体仅仅有法律上的关系吗？难道法律关系不以生理的东西为自己的前提吗？要知道，甚至在罗马法中就曾经提到，占有应当通过灵魂（意志、意向）和肉体来取得。但是，在黑格尔的心理学中，应当由非物质的灵魂来占有的肉体在何处呢？任何地方都没有。为什么呢？因为，一般地说来，在唯心主义和唯灵主义中，灵魂的肉体，也像思想家的肉体一样，仅仅是作为肉体的肉体，而不是作为意志和意识的基础的肉体；因此人们便完全没有注意到，我们仅仅借助于非对象的物质本原，使肉体成为自己的客体，也就是说人们没有注意到，我们借助于处于我们意识下面的物质的东西，感知摆在我们的意识前面的物质的东西。因此，"扬弃了中介化的魔术"，对于意志和意识说来，其自身或按其本性说来，在最高程度上是以无数的神经纤维为中介的被规定的东西；这样，我们对肉体所掌握的全部支配权，仅仅是由于我们同肉体的亲密的和秘密的协调一致才得以掌握的；我们对于肉体具有这种支配权仅仅是依靠肉体自身，仅仅是由于我们借以能够做出什么事情的那个肉体的力量，——这是与我们对之表现出自己支配权的那种肉体力量不同的另外一种力量；但是，不容有物质的和非物质的本质之间的任何中间环节，不容有它们之间的任何区别或对立的灵魂和肉体的直接统一，也就是说,在物质设想肉体也是精神,和相反地精神是肉体而思维是物质的那个地点,恰恰是这种统一的有意识的活动没有作为这一活动基础的任何肉体的和物质的东西作为自己的客体的那个地点。因此,那个把意识当作事物的量度和本质的人认为,思维是在器官以外进行着的绝对非物质的活动,并且在这种意义上来解释它。这个 punctum saliens(生命的脉搏)就是脑。

"脑!关于脑和关于思维与脑的关系我们知道什么呢?"什么也不明确;如果愿意,甚至可以说毫无所知。正是因为我们毫无所知,由于某种"对空虚的恐惧"或者这种恐惧的类似物,我们才用想象的与虚构的本质来充实我们认识的空虚,我们把对于物质的基础与过程的认识的缺乏变成为非物质的本质,也就是说,使结果成为它自身的原因。这就难怪我们很少知道,甚至于完全不知道与我们最亲近的东西,至少是知道得很不明确。几千年来,人们仅仅是忙于把灵魂和肉体分开,并力图保证自己死后的生活;几千年来,人们完全没有关心对于物质的认识,没有关心如何取得关于自己肉体的知识,如何研究人的肉体的解剖学[①],只是在想,如何把

---

① 14世纪以前,禁止损伤尸体的迷信和教会反对研究人类的自然史与人的肉体的内部构造。超越了自己时代的成见的弗里德里希二世,建议在那不勒斯与撒列尔诺的医生常常发掘尸体,以便提高自己的知识。这是徒劳无益的,因为教会反对这一类的任何企图。在1300年左右,波尼法茨八世还用严刑处罚禁止制造骨骼(艾赫哥伦:《文学史》,第2卷,第435页)。"在维扎利以前,解剖学还很少为人知道是一门科学,查理五世(维扎利是他的宫廷医生)向在撒拉曼克的神学家们提出了一个有关他们的宗教良心问题,要他们解答是否在一切情况下,解剖人的肉体都是渎神的事"(同上书,第3卷,第1篇,第897页)。对于人的尸体是何等有良心和温情,而对于砍杀与焚烧活人却又是何等缺少任何良心的苛责!——著者

精神和物质分开。甚至今天作这种区分仍是宗教的与哲学的信条；现今有意无意地处于那个从非物质的灵魂汲取巨大物质利益的教权铁蹄下的国家贤智认为，否认这一信条是不可饶恕的。但是当将来人们用他们迄今花费在证明灵魂和肉体的区别上的同样多的时间、手段与智慧去认识灵魂与肉体的统一的时候，他们当然就会更好地认识思维和脑的联系。但是，甚至当这种联系对于知识、对于科学说来是间接的时候，这个联系自身也仍然永远是直接的，就如同脑和眼的联系通过视神经一样，尽管视觉过程所必要的中间环节，在视觉本身中无论对于最伟大的生理学家或对于最大的白痴说来，都仍然是绝对直接的东西。这是由于下面这个原因，即这个不可分解与不可消灭的直接性（任何辩证法的诡计也不能使它转变为它的对立面），乃是生命的不可让与的所有物，是生命所固有的区别于思维和知识的本质。

无论如何，"我的肉体就其本性说来"，或者毋宁说从它降生那一刻起（要知道，决不能认为不会飞的禽鸟是由于它的天性如此，而善飞的鸟，它自身就是如此，而不是基于天性），就不是"灵魂"的精巧的和"顺从的工具"；肉体应当首先借助于锻炼和教育而被灵魂"规定为"这个样子。器官的活动、机能，如果是把它想象和表达为无意识的东西，那么它就是目的，亦即这个器官的意义、精神、灵魂。活动是依赖于器官的；如果器官的形式与构成不适当，那么它的机能和活动就不正常。但是器官也以自己的机能为转移；如果对它们利用不当和使它们变得不适于使用，器官就会萎缩、干枯以至最后完全消亡，因为营养与消耗、生产与消费在这里也是彼此不可分割的。例如，思维是脑的运动，脑在消耗的同时，也摄取营养，因为如果脑的活动加强了，那么营养液的来源也要扩大。锻炼产生能手。只有依靠思维、思维的习惯，脑才能发展成为思维的器官；由于脑有想这想那和这样想那样想的习性，所以它才按照一定的方式被规定下来和发生变化，恰如观看远近事物的习性，决定了视觉器官的形状一样。在任何场合下，精神都形成着和规定着自己的身体到这样的程度，以致从事脑力活动并相应地调整着自己的衣食住行方式的人，也适应着自己的智能和自己的职业，间接地规定着自己的胃和自己的血液循环。但我们不应忘记问题的另一方面，这就是：精神有意识地把肉体规定为什么，精神自身也就无意识地被自己的肉体规定为什么；例如，我依照自己的目的把自己的身体规定为思想家，这是因为创造的自然在同破坏的时间的联合中把我组织成这个样子，以便使我成为一个思想家；因此，在很大程度上我是一个注定的思想家。一般说来，精神之被决定和规定，是以某种决定或规定肉体的东西为转移的。黑格尔说道："人是同动物相对立的"（这种对立的真理性与普遍意义就连小猫小狗也能驳倒），"人应当借助于自己本身的活动使自己成为自己肉体的主人"。但是，当他成为自己肉体的主人时，同时他也变成自己的主人了，因为，只有当他（就这个词的本来的意义而言）学会用两只脚站着的时候，他（就这个词的非本来的意义而言）才变成独立的。体格是肉体的自我装潢；身体的强壮就是自身的强壮，身体的锻炼就是精神的锻炼；只是随着不同的器官或者同一个器官怎样沿着不同的方向被锻炼和完善着，这些现象才开始彼此显著地区别开来。只有借助于思维，脑才转变为真正的思维器官，而且仅仅是靠着完善的思维器官，思维自身才成为完善的、自由的、正确的。

这里什么仅仅是原因或仅仅是结果呢？是结果的那个东西变成了原因；而是原因的那个东西变成了结果。

"肉体是灵魂的工具"，但反之，灵魂也是肉体的工具。例如，在肉体成为跳舞艺术的顺从工具的地方，灵魂也成为"舞魔"的顺从的工具；灵魂由于舞蹈着的肉体而欢狂到"头晕目眩"的程度，以致什么也不感觉，什么也不想，而只有跳舞才是神圣的享乐；思维与感觉的器官被"肌肉感的幻觉"迷惑到这样的程度，以致人"在深夜跳完了舞以后，睡在床上时仍然觉得好像在跳舞"。这是格雷特古森在其《人类学》中所指出的。按照神圣的报复的自然法权，你对肉体做些什么，肉体对你也做些什么。但是，在黑格尔那儿什么地方有这种自然法权的痕迹呢？在他那里怎么能谈得到灵魂与肉体的"直接的统一或和谐"呢？甚至当他说到这个问题时，那些被行动所驳倒的言词有什么意义呢？黑格尔到处都提到灵魂这个方面，至少当问题涉及不是借助于含糊不清的"符号"而是借助于清楚的词汇来表达肉体的真理的地方，他从来不让肉体发言。他的所作所为总是好像在他那里没有肉体，正如新柏拉图主义者普罗提诺一样；普罗提诺完全正确地并且以值得尊敬的彻底性以自己的肉体为耻，因为他认为肉体是非物质的灵魂的羞愧与耻辱。既然灵魂由于自己的非物质性而消灭了一切形体的区别，那么脑和生殖器之间的区别对于灵魂说来又有什么意义呢？对于非物质的灵魂说来，脑是一种鄙陋的和肮脏的物质，就像那个按照最新的"纯粹科学方法"从来在文明社会中叫不出口的身体器官一样，虽然这个器官在实质上具有全世界历史的意义，并且掌握着征服世界的权力。

由此可见，黑格尔甚至在他谈到感觉的时候，也没有敢于说出"肉体"这个词，他撇开肉体来规定感觉，甚至从非常抽象的、一般的、没有任何规定性的公式中推演出感觉，然而，甚至从唯灵主义的观点看来，连柏拉图也认为，灵魂只有借助肉体才能达到感觉。正因为这一点，灵魂、神灵这个始终一贯的、纯洁的概念不仅否定感觉，而且也否定人的肉体(Leib)；因此，在感觉的起源和定义中包括一般的肉体(Körper)的概念已成为必要，如果这种比纯粹口头上的定义可能要完整一些的关于感觉的定义一般说来是可能的话。

由此可见，黑格尔也把习惯看作"灵魂所决定的第二天性"，或者看作"非间接性"；他说，习惯是"精神组织中的难题"；而且，他认为习惯是"在科学地考察灵魂和精神的时候最困难的定义"[1]之一。无论如何，习惯之所以是一个难题，只是因为在习惯的条件下，不仅肉体的重量、以至惰性的力量具有作用，而且弹性也具有作用。谁认为习惯是非物质的灵魂的作用，而不注意肉体这个中间人或经纪人，谁就是背着老板算账，因为这种唯心主义的算法需要巨大的努力，而且遗憾得很，这种努力还是徒劳无益的。习惯不是精神的作用，或者至少不仅仅是精神的作用，而且还是肉体的作用，这一点可以从下面这个事实中得到证明：人们甚至能够使自己逐渐习惯于忍受致命的和不致命的毒药，这些毒药的作用当然不以我们的意志、我们的意识为转移，它处于那种我们认为灵魂是其原因的活动的彼岸；反过来，我们无论如何努力，也不能使自己习

---

[1] 黑格尔：《哲学全书》，第 410 节。——俄文编者注

惯于最无害的东西,如果我们的肉体绝对不能忍受这些东西的话。其次,经验证明,动物、甚至植物"也能使自己习惯于新环境",这就是说,它获得了"第二种不同的本性";那些凶恶的动物在习惯于植物性食物之后,它们的肠子也会长起来。古代的医生早已指出:"不仅动物的体力,甚至动物的所谓生命力和自然力也会改变习惯。"

黑格尔在谈到习惯时,也提到了肉体;但是他是从下面这个意义上提出的:"纯粹的观念性本身",即"一般的物质的东西和物质性的定义"的扬弃和非真实性,"被认为是观念性,以便使灵魂按照它的观念和意志的规定性,而作为实体存在于自己的物质性中",——这就是说,他所提出的非物质的灵魂这个概念是作为真实的东西而得到实现和证明的,不过,这仅仅是在"最直接的魔术"这个意义和精神上。因此,接着他又说:"个体的外部的空间的规定性(即人是直立着的),由于个体的意志,成为一种习惯的、直接的、不自觉的状态,这种状态始终是长期的意志的事情;人站立着是因为人想站立着,并且只是因为人想站立着;只是当人不自觉地想站立着的时候,他才站立着。"但是,人之所以站立着,也是因为人能够站立着,而且应当站立着,从而执行自己的机体的规律,即自然的必然性。虽然肉体的站立和运动是以人的意志为转移;但是,这种情况的产生只是因为意志本身又是以人的身体为转移,人的意志是以身体为基础的,并且它只是意志与大脑、神经、肌肉的亲密的和秘密的联系的鲜明的表现。意志如果割断了它与神经及肌肉系统的联系,它便不是意志,而只是空幻的愿望,因为意志乃是一种执行权;然而我之所以能够执行我所能够愿望的活动,这是因为我的活动是以我的大脑和我的机体为基础的。

如果一切都是以意志为转移,而不是以机体为转移,那么,即使没有翅膀和人工制成的飞行器械,只要我想飞,我就能飞;那时候我便能够转瞬间从欧洲飞到美洲,或者从地球上一下子跳到月球上。"我们并没有那样想;那样的意志是荒诞无稽,是胡言乱语。"是的;无论如何,非物质的灵魂的意志在这些例子中已暴露出它的全部可鄙的真面目。正是在这里,这种意志的荒诞无稽——它从前由于隐秘地笼罩着我们肉体的昏暗而被保护着和遮盖着——才清楚地暴露出来,而且只有这样才被驳倒。既然非物质的灵魂独自地处于空间和时间之外,那么对于非物质的灵魂来说,空间和时间是什么呢?难道这里不是明确地说明:"我能做我所希望的事情。"为什么我不愿意一下子从这里飞到美洲?为什么我不这样做呢?也许,那个能够做它所希望的一切事情的意志,只是属于道德行为方面?也许,我是由于道德上的理由才想飞到那里?危险就在于迟缓;只是由于我在这个时候及时来到,才给自由和人道的事业带来决定性的胜利。为什么这个仁慈的意志是一个软弱无力的愿望呢?这是因为道德的意志是以身体为转移的,没有身体,意志什么也不能做,因为,在道德上我希望并且"能够做我所希望的事情",但是,请注意,这只是在自己的幻想中;这是因为天上的或地上的全能的意志,都只不过是人的幻想力的忠实奴仆。

费希特——请允许我撇开继承者转向先驱者——在他的《道德体系》中,把"我能够做我所希望的事情"这个原理改变为:"老实说,我们能够做我们能够希望的一切事情"。这是完全正确的,意志是以行动的可能性为转移的,"一切"这个夸大的字眼被缩小为

"仅仅"这个非常平凡的字眼。我仅仅能够做我所能够的或者我所能够希望的事情,这就是说,我只能够根据物理学的规律和机体的能力做我所能做的事情。但是,这个限制不是来自费希特的自我,而是来自费希特的非我,因此,它是与意志相违背的,与他的意志的基本定义相矛盾的。因为,如果我作为一个完成者处在"自然和必然性的彼岸,不再是它的队伍中的成员",如果在意志中不仅将中断与自然的联系,而且将中断一切联系,"自由的规定性的行列是由跳跃组成的",其中"每个成员之间都没有联系",那么,我们就不能理解,为什么这些越过自然因果联系的跳跃不能变为实际的从地球到月球、从欧洲到美洲的跳跃,特别是,假使这些跳跃的完成有利于费希特所属的那个道德政治进步集团的利益,那将是他的不朽的光荣。因此,科学学说转变为神学学说,其中并没有任何矛盾。正如一般说来神只是摆脱了它的界限和矛盾的灵魂、只是彻底的灵魂一样,神的意志也只不过是科学学说和唯灵主义心理学的彻底的、可鄙的、人的意志罢了,这种意志摆脱了与它的概念的不可忍受的矛盾,摆脱了不自然的局限性,这些局限性虽然看起来是它自愿地加在自己身上的,实际上是由于对于自然和物质性的虚假的羞耻和恐惧而被迫地加在自己身上的。

但是,让我们回过头来再谈谈黑格尔的习惯和"精神错乱"[①],以便再引一个例子来说明我们对黑格尔的心理学的批判。正如对于习惯一样,黑格尔认为精神错乱也只不过是精神的影响,或者更确切一些说,是灵魂的影响(遗憾的是,精神错乱不是健康的、单一

---

① 黑格尔在《哲学全书》第 408 节中考察了精神错乱。——俄文编者注

的和幸福的依存性，因此这种依存性看起来好像是非依存性，然而，习惯乃是我们的精神对于机体的依存性，它不仅表现在意识中，而且也表现在情绪和感觉中）。诚然，他说过："精神错乱乃是与物质的东西和精神的东西不可分割的心理学原则的疾病"；但是，这个物质的东西乃是"存在物"的同义语。"精神错乱在实质上包含着这样一些感觉的矛盾，这些感觉是作为某种有形的、实在的、与构成具体意识的中介的完美性相对立的东西而发展起来的。仅仅被规定为存在物的精神之所以生病，是因为在它的意识中这样的存在是不能被扬弃的。"因此，这种有形的东西乃是某种可被扬弃的东西，它在灵魂中被扬弃和分解了。而且，黑格尔甚至把精神错乱确定为"灵魂发展中的必要环节"，尽管这种"程度或者形式"并不一定充分地表现在每个人的身上。他得出这个结论，部分地是由于道德的，或者更确切些说，非道德的"利己主义的定义"，部分地是由于理论上和精神上的原因，由于"自我起初是完全抽象的、完全不确定的'我是'，它可以被填进任何样的内容，填进最空洞无物的观念，例如这样的观念：我是狗"；因为只有人才能达到自我的这种充分的抽象，因此黑格尔把愚蠢和精神错乱的"特权"也强加在人的身上，仿佛动物就没有成为"愚蠢的"、糊涂的、疯癫的、呆笨的东西的不幸的权利。当然，当黑格尔谈到："精神能够疯癫，也就是能够达到生根在它自身中的极限，这只是作为物、作为某种自然的和存在的东西而言"，这时，在黑格尔的话中，也如在别人的话中一样，肉体站立在灵魂的后面。这话如果不是意味着精神只有作为肉体的东西并且由于自己的物质性和自己的肉体才会生病，那么这话意味着什么呢？然而，在黑格尔哲学中到处是语言颠倒和概念混乱的情况下（我们不想责备他这一点，因为正是在这种"理智的全部稳定差别的混乱"中，与梦游病相联系的思辨哲学才看到了它的最大的胜利），如果我们想把稳定性赋予肉体的不确定的、动摇于存在和不存在之间的存在物，如果我们认为肉体只是产生精神病的原因，因此谴责它，而不愿意承认它也是健康精神的原因，那么，我们将是多么的不公正，我们将表现出多么的片面。

现在，我们谈一谈"自然的东西和存在的东西"。存在的东西产生于存在，自然的东西产生于自然界，从字义上说是如此，从本质上说也是如此。因此，自然界，那个我们由于下列原因而唯一感谢的自然界：它并没有因为人类世界的愚蠢、我们的哲学家的癫狂、我们的思想家和政治活动家教导我们的理智和法权的幻觉而丧失理性，——这个自然界只是我们的疾病和愚蠢的根源，而不同时是我们的健康和智慧的根源。自然的东西应当是愚蠢的。老实说，愚蠢乃是人的本性，是"存在着的"人类。然而，这个非法的思想，这个明显地表现出叛逆的不满的思想如何与现状协调呢？它如何与合法的、现实的合理性协调呢？对不起！我忘记了存在与现实之间的巨大差别。我的哲学只是以五种感觉的福音为依据，而不是依据于难以凭信的普遍意识或者难以凭信的梦游病患者的胡言乱语，——大家知道，我的哲学正因为这一点而不是任何样的哲学，它由于自己精神上的贫乏只知道一个唯一的存在，即真实的自然界的存在；而且，它还满足于这个唯一的存在，因此它和圣经一样高兴地叫道："贫于精神"，而富于自然的人"有福了"。

实质上与黑格尔哲学的这种非自然性极其密切地联系着的，还有他的歪曲自然秩序的非自然的方法；正如在其他各章中一样，他在阐述心理学的发展阶段时也采用了这种方法,除了最后一章以外。因此,黑格尔完成了由精神错乱向习惯的"辩证转化",并且力图证明这种转化的必然性,而人却在开始唱"愚蠢赞美诗"之前,老早从他诞生以后,从他恢复呼吸时起,便被奉献给"美妙的生活习惯"的神秘祭了;因此,从习惯——事实上,差不多每个人都有许多愚蠢的习惯——向愚蠢的转化,是远为符合自然的,从而也是远为合理和合乎逻辑的,正像黑格尔以前的一些心理学家老早就做过的那样。例如,亚科布在他的著作《经验心理学》中解释习惯时写道:"借助习惯可以说明,表象如何逐渐地变成为固定的概念,固定的概念又如何随着它存在得愈长久而变得愈加稳固。"哥弗保埃尔在他的论述精神错乱的著作中说道:"长期的恐惧或者经常发生的恐惧,可能使我们后来把它想象为真实地存在着的邪恶,尽管它并不是真实的。"这个解释虽然不是详尽无遗的,但下面这一点是明确了:在灵魂以及肉体的发展史上,习惯先于愚蠢。例如,在黑格尔的哲学中,性的关系发生于睡眠与觉醒的矛盾以及它们的交替之先,然而,人类值得庆幸的是,自然界里发生的情况与此刚刚相反:睡眠是在性交之前,童贞的灵魂仅仅在睡眠中才开始把自己的眼光偷偷地抛在异性的未知的彼岸的领域,因为在睡眠中它才能越过它在觉醒状态时给自己划定的界限。因此,在黑格尔的哲学中,觉醒是作为一个特殊阶段而存在于感觉之前。但是这种与感觉不同的觉醒本身是什么呢?感觉不仅在于人"确证了"自己是觉醒着;而且感觉本身就是觉醒。我醒着——这就是意味着:我看着(因为当我闭着眼睛的时候,除了幻觉以外,我什么也看不见),听着,感觉着的时候,具有强有力的明确性,因此是有意识的;否则，觉醒与睡眠或者幻觉之间的差别便没有了。黑格尔那样地乐于援引的亚里士多德在他的著作《论睡眠与觉醒》中说道："谁觉醒着，谁就在感觉着。觉醒不外就是感觉；没有感觉，也就没有睡眠，没有觉醒。"诚然，黑格尔的方法上的这种发展过程，他的这些转化可能只具有逻辑的和辩证的意义；然而，我们应当如何考虑这位哲学家的叙述的进程（因为这个进程是与人的自然的步行相矛盾的）呢？难道人可以不要外面的步行工具而能步行吗？如果这位思想家的步行器官不生在脑袋之外，甚至也不生在脑袋之上（像头足类动物那样），而仅仅生在脑袋里，那他如何能够移动呢？然而，为了公平起见，我们应当提一提黑格尔对他的心理学的注释，在这些注释中，他的精神没有被他的体系和辩证法的非自然的枷锁所束缚，因此我们还能发现一些珍珠，它们是从健康的直观和观察的深处抽引出来的。

# XIV "灵魂主宰肉体"

"唯物主义者蓄意地、片面地仅仅依据这样一些事实,这些事实证明精神依赖于肉体,至少在精神的各种表现上。但是也有许多的事实相反地证明肉体依赖于精神,精神主宰着它的肉体住所;证明在我们肉体的幸福或不幸方面,在健康和疾病,生和死方面,意志、观念或想象的纯粹的解决和精神运动,例如快乐、希望、爱情、恐惧、愤怒、灾祸、焦虑都能够而且实际上起着决定性作用。"

事实是正确的,但是唯灵主义者从这些事实中得出的结论是否正确呢?他们当作事实基础的那些前提是否正确呢?难道他们不是假定,纯粹的灵魂、自为的灵魂即使没有肉体也会希求、想象和感觉吗?否则,如果他们不从思想上首先使灵魂脱离肉体,那么他们怎么能够把情感、想象和意志的作用看作是灵魂主宰肉体的证明呢?难道灵魂当它还主宰着肉体的时候,不是在肉体之中吗?或者,如果不要这个"中"字,因为它太令人想起空间关系,那么,难道它就不是仍然同肉体联系着的,而且是极紧密地联系着的吗?从而,难道它不是穿着肉体外衣的灵魂?因此,要把这个联系解开,把灵魂孤立起来,对最不容分离的东西作政治性的区别,说这里是灵魂,这里是肉体,这怎么可能呢?能不能够把那些借助于肉体、通过肉体才发生的动作看作纯粹是对肉体的作用?怎么能够把那种在灵魂中已经以肉体为前提的东西看作只是精神"所假定的"东西呢？怎样才能够使情感,例如爱情、愤怒、悔恨、恐惧、害怕同非物质的、无形体的和在肉体之外的灵魂本身相协调呢？[①] 当然,巨大的区别在于：我患病是在心理上——精神上,还是在物理上——肉体上；我所以病是由于害怕传染还是由于传染病；我是由于我的大脑突然受到压力而丧失知觉,还是由于惊人的消息或者可怕的景象而晕倒。但是,自在的和自为的观念也可能有的,当然,只是在以大脑为前提,只是以大脑为基础时才可能有。这是与作为大脑运动的每一种精神运动在肉体其他部分引起活动这一情况相符合的。色情的幻想的形象就像实际接触一样,能够唤起在肉体的有关器官中的同样活动。为什么,因为这些幻想的形象本身已经是以受到幻想形象影响的那些器官为其先决条件的,因此只有在思想器官同性器官间有联系的地方,这些幻想形象才可能发生。在这种联系完全中断的地方,这些幻想形象怎么能进入非物质的灵魂里去呢？

"一个健康的男子得到拥抱一个渴念已久的少女的机会以后忽然乐极而死。"拥抱——这是肉体的、物质的动作；关于这点,甚至唯灵主义者和唯心主义者也不得不承认其真实性,承认肉体在观念之外存在,至少,直到今天还没有唯灵主义者向我们证明,他

---

[①] 卡尔丹在他的著作 *De Subtilitate*（Lib. 14, de anima et intell.）中指出："在精神运动中,肉体必然是被动的,因为没有肉体,精神运动永不会发生。"这里必须也指出,上述的灵魂主宰肉体的例子一部分是从已经提到过的奇弥尔曼关于医疗技术的著作中得来的,一部分是从莫里兹的 *Magazin zur Erfahrungsseelenkunde* 这部著作中得来的。——著者

们本人只是在观念里拥抱的,而且利用观念来生孩子的。对这一动作的快乐的期待和观念怎么会成为非物质本质的事情呢?如果不是出于希望肉体结合的力量,这一快乐的力量又是从哪里来的呢?这种希望本身不就是肉体的,不就是物质的作用吗?

"大家知道,有一个意大利的罪犯就在残酷的拷问之下也不供认,毫不战栗地经住了拷问,在拷问时他不断地嚷道:'Io ti vedo!'(我瞧见你!)"。他是有道理的。当人们问他叫嚷的意义时,他回答道:"绞架"。对招认后可能产生的怕人结果的活生生的观念使他感觉不到一切疼痛。

这是灵魂和观念的力量主宰肉体的多么好的证明!但是我们能不能够停留在这种力量上呢?我们应不应当从关于绞架的观念转到和回返到在观念之外存在的实际的绞架上去呢?观念的力量不是物质实体的力量的结果和表现吗?我害怕绞架当然不是因为我只是一个能想象的东西:绞架干非物质的实体什么事呢?我怕它是因为我是有肉体的实体,这个实体不但可以受折磨,而且——更可怕得多——甚至可以被绞死!因此,引起恐惧的观念是不能同我的肉体脱离的,这个肉体可以完全以另外的样子,与想象中不同地同观念的对象发生具体接触。如果"见到佳肴会使饥饿的人流出那么多的唾液,以致他嘴里湿津津的",那么我们能不能把这一动作只归于视觉的原因呢?它有没有这样一种根据,即看着食物同时也就是已经在预先享用它,也就是与真正的肉体享用有别的、对食物的非物质的物质享乐呢?从而,食物的美味不是我所看到的食物的作用的根据吗?关于食物的光学表象同用口尝到的真正食物的关系不正是如同想象中的事物同现实事物的关系吗?

## XIV "灵魂主宰肉体"

虔敬的舒贝特在他的《灵魂的故事》一书中,在关于"灵魂主宰肉体",或者不如说,"灵魂的一种特殊力量支配了肉体"的证明中引用了这样一个例子:有一个贫苦的妇女,"当医生把几块新的泰勒①放在她的手中时,她就从死一般的昏睡中苏醒过来"。但是这与其说是灵魂的力量的证明,还不如说是钱的力量的证明;不是只有在"把钱币了解为人的灵魂"的情况下,这才是适当的吗?应不应当这样:灵魂的特殊的本质——既然谈到这种东西——与其说是把肉体控制住,还不如说使肉体能任意活动?实际上灵魂用来支配肉体的那种虚构的力量不就是肉体用来支配灵魂、把它整个地同世上的、物质的东西连结起来的那种力量吗?当然,钱币只是对认识钱币价值,具有节俭意识和真是只能被金银光彩引起幻想的那些灵魂,对首先有意志,有取得和占有的意志的那种灵魂才有力量,才是存在的。

"我想要,因此,我有,"——法律家这样来谈"无接触地、非肉体占有地取得财产";但是,这一以占有为其结果的意志,以肉体占有为前提,虽然这种占有从时间上说只是后来才完成的。只是因为占有的愿望是先天的、精神的、蓄意的占有,这一意志才有作用和意义。我的意志不超出我精神和肉体占有能力的范围。我不带肉体活动所想望的东西,不管这种活动是与意志同时发生或者在意志之后发生,不管在有意志之前和有意志之后,仍然都是无主之物,因为这种无作为的或者非肉体的意志等于零,等于无主的意志;因为正好是肉体(Corpus),——"我想把肉体带到天国",同时也就把"精神哲学"带到天国,——我重复一句,只有肉体是使某物

---

① 德国过去用的一种硬币。——译者

区别于某物的东西。因此只有当你把词儿颠倒过来的时候，你才能找出 Corpus juris 的真实意义；你用 jus corporis 即本来意义的物体的法去代替法的物体，不顾形体物与无形体物在法律上的区别。因为虽然法本身是一种观念、一种概念，是一种无形体的东西，然而它的对象和内容是极富于形体性的。例如，在一个吝啬者的头脑里引起如此强烈的印象以致能使他从昏睡中苏醒过来的一块新的泰勒所产生的观念是"无形体的物"、非实体的；然而这一观念的力量所以产生，只是由于到了吝啬者手中的那个物体。如果你把钱币从吝啬鬼的手中或钱袋中取走，他就会像莫里哀笔下的吝啬人那样叫起"救命！"，他控告的不是偷窃，而是谋杀："我完了，我要死了！他们杀了我——把我的钱偷走了！"他是如此地同他的钱结合在一起，对他说来，丧失了这种联系就是丧失了灵魂和肉体的联系。但是在人类生活中，你能不能找出即使仅仅那么一点，在这一点上，你能够消除灵魂和肉体的联系，或者不如说，不可分割性，指出与肉体无关的并且不以肉体为先决条件的灵魂的孤立活动？

"当你紧张地陷入深思默想的时候，那么即使声波和光波同肉体器官接触，你也会不见不闻；而且，你甚至会忘记肉体的疼痛。"但是你在情绪激动的瞬间也会忘记肉体的疼痛，当你沉醉于感性直观的时候，你就听不见；另一方面，当你欣赏着声音或是紧张地倾听着什么东西的那一瞬间，你就看不见。因此，为了不妨害我们听，我们故意闭上眼睛。当人在听——当然，某种有趣的声音，——的时候，他全身变为听觉；当他在观察时，全身变为眼睛；当他思想时，全身变为头脑，——当然，只有当他是一个完善的思想家和数学家的时候，因为只有纳比耳才能够用计算去忘掉他的痛风。当然，在完全变为眼睛和耳朵的人与完全变为脑袋的人之间是有区别的,因为我不看,甚至没有可能看的时候也能思想;但是当我不去想我所看的东西,不去盯住我所看的东西的时候,我就不能看到;我所以不能看到是因为这样简单而明显的理由:感觉工具只是头脑的器官,它们的神经是脑的分枝,只有脑或者理性能够看和听,因此,如果它忙于别的事情或自身上的时候,人就什么也看不到,听不到,尽管他张着眼睛和竖着耳朵。然而,专心于看或听的脑子也是不能同时 in abstracto(抽象地)思维的,也就是说,它不能为抽象形象和抽象思维所同时占用,即使是从这些感觉抽象出来的。在这种情况下,即使仅仅在瞬间,除了眼中看到或耳中听到的东西以外,脑子里是什么也没有的:视觉或听觉的作用把脑子的其他作用都掩盖了。当我有一次观察着布满繁星的天空时,忽然看到一颗美丽的流星,我想叫邻室中人来一同欣赏,……却不能够——我哑了。

上边关于视觉和听觉的说法对其他感觉和情感也是适用的。例如人在狂怒时不觉得伤处疼痛,战士在战斗激烈时也是一样;而这只是由于那个简单的理由:"不能同时服侍两个主人"这句格言无论在道德上或是心理学上都是有意义的。就像我不能同时在两个位置上,我不能既在情欲的竞技场内或眼睛的剧院内,而同时又在脑子的书斋内。凡是我在着的地方和我所是的那个东西,我必须是完整的和不可分割的肉体和脑子,或灵魂。甚至在排泄时也必须有与之适应的澄清了的头脑,当然反过来说,澄清了的头脑也必然需要出清了的肠胃;甚至肉体的最低级的功能也只有在"联合努力"之下才能顺利进行,它也要求有精神在场。因此,"在剧烈用脑的时候,甚至最猛烈的泻药也不起作用",这是不足为怪的。

但是意志，——在结尾再回到意志上，——无疑地仍然是纯粹的非物质的力量。"自由意志的活动不仅不以肉体器官的活动为转移，甚至与后者对抗。因为器官中的一定变化产生愉快的感觉，而愉快的感觉又引起企求。自由意志对抗这种企求。"但是它只利用其他企求和其他器官来对抗这种企求。"啊，这些蠢驴！"我在这里必须附和我引用过的宗教改革时期一位医生的话叫喊起来。"啊，这些蠢驴，干的什么事情，听从着自由意志，不去分辨人的各种力量，也不去注意身体上不同器官的机能，而不同的力量只是通过这些不同器官的机能才能区别！""利用坚定和强烈的志愿不仅可以把病的感觉压下去，有时还能把病本身除去。"但是不病和痊愈的愿望本身只是健康的指标，是还保存着的肉体力量未受损害的指标，意志的活动只是把这种力量从潜伏状态中释放出来。谁不能用肉体的对抗作用去对抗某种企求，亦即这种或那种欲念、这种或那种沉疴或病痛，谁就已经只有虔诚的愿望，而已经没有行动的意志。如果健康神经和健康血液再没有潜力，简言之，没有任何物质的储备，而意志却仍然能够从"无"产生出物质的疗效或作用，这简直是荒谬的！你只要去试一试在你病的时候去克服痛觉！第希拜因谈过关于他的一个因患手足痛风遭受可怕的疼痛的朋友："只要他听到床边的苍蝇嗡嗡声，他就像他的骨头被敲碎似的嚷了起来"。甚至听到轻微的声音振动也会像有人在真的粗暴地敲打他的骨头，多么可怕的命运！如果人的意志不是在机体中内在的，而是超验的，即是超自然的和超肉体的、不同任何物质，包括 materia medica（药物）在内，发生联系的力量，那么这人是多么幸福！当然，那时候他只须希望健康，他就会得到健康。

# XV 对唯心主义的批判

自称为唯心主义的现代哲学唯灵论,对唯物主义进行了以下的、在它看来是致命的责难:唯物主义是独断主义,也就是说,它从感性(sinnlichen)世界,即无可争辩的(ausgemacht)客观真理出发,认为客观真理是自在(an sich)世界,即离开我们而存在的世界,但实际上世界只是精神的产物①。古典唯心主义者费希特写道:"你所以认为物是现实的,是存在于你之外的,只是因为你看到它们、听到它们、触到它们。但是视、触、听都只是感觉②,只是你的情感,只是你的意识的规定,因为你只有感到自己的视觉,感到自己的触觉,感到本人的时候你才能看到和感触到。在一切知觉中,你经常感知你本身的情况。"但是,按照唯心主义,人在这一情况下用什么方法把自己的感觉移到在他之外存在着的东西上去呢?通过如下的方法:他把自己的感觉了解为通过在他精神或本质中存在的天生的因果律或充足理由律而得出的结果或作

---

① 自"自称为唯心主义的现代哲学唯灵主义……"起的这段话是列宁的译文。——俄文编者注(译文见《唯物主义和经验批判主义》,参阅《列宁全集》,第14卷,人民出版社版,1957年,第115页)

② 这以前的这段从费希特引来的文字是列宁的译文。——俄文编者注(译文见《唯物主义和经验批判主义》,参阅《列宁全集》,第14卷,人民出版社版,第141—142页)

用，——因而，也就是通过如下方法：他把自己想象作感觉的原因或根据；把这一根据作为前提，同样用在他本质中，但不是在精神本质中而是在感觉本质中存在的空间和时间的天生的直观形式，把这一根据直观或想象为在自己之外。这个被当作他的感觉根据想出来或推论出来的、安排在时间和空间中的、被作为在他之外存在之物来设想或观察的物就是客观世界。因此，按唯心主义的看法，既然唯物主义把推演出的第二性的东西当作第一性的，从客体出发而不是从主体出发，从对象出发而不是从自我（然而是唯一可靠的）出发，它也就是以完全歪曲了的直观作为出发点的。

我同意唯心主义必须从主体、从自我出发的观点，因为十分明显，世界的本质，它对我是什么和怎样，只取决于我本人的本质、我本人的认识能力和我本人的一般属性。因此，既然世界在我看来是一个对象，它就是客观化了的自我，这无损于我的独立性。但是我认为，作为唯心主义者出发点的和否认可感觉事物的存在的自我本身是不存在的，只是被设想的而不是实在的自我。实在的自我只是"你"与之对立的、它本身是另一个自我的对象的自我，它对另一个自我说来是"你"；但是因为唯心主义的自我根本没有对象，所以"你"也不存在。"自我不是灵魂，而是人"，——在普卢塔克摘引的那些失传的书籍的章节中希腊哲学家已经这样说过。"我思维"，但是我——这个人——根本不是自我，或一般的意识。我在本质上是个体。"我是一般的，但同时又是个别的"，而个别人就是个体。如果把"我思维"这句话，我必须不把它了解作自己、某一个体，那么思维就完全失去确实性，而我一般是借助于这种确实性把我所做或经受的任何东西归于自己的。那样一来，我就只是一个不确定的思维着的东西或乌有。"我"只是口语中的简语,只是为了简略,而把意味着本人的东西加以简化,它所简化的正是如下的句子:正是在这里思维着的这个个人,在这里,在这个肉体中,特别在这个头脑里,而在你的头脑之外。这就不仅意味着:"这里是洛多斯岛,在这里跳舞吧!",而也意味着:"这里是雅典,在这里思维吧"。我不仅是在别人以外的实体;我还仅仅作为一个在别人之外思维着的实体在思维。空间,还有时间都是直观的形式,但是只因为它们是我的存在和我的本质的形式,而我本人也是空间和时间的实体,而且我只是作为这样的实体去感觉、观察和思维。无空间的和超时间的实体或自在之物能够知道什么关于时间和空间的东西呢?我只是因为自为的和自在的我的自我、我的思维是以"你"这一一般客体为前提,才以客体和在我之外的"你"为前提。我只是作为"主体-客体"而存在和思维,而且感觉的,但是不等于康德的说法,也不等于费希特的分析的意义,在这一意义中,我(思维着的)和对象(被思维的)是同一东西,然而是在男人和女人是综合概念这个意义上,因为我不超出本人的范围,不把关于自身的感觉或概念同时同关于与我有异然而与我相当的另一实体的概念联系起来,我就不能想到或感觉到自己是男人或是女人。因此,如果我首先从对象性中抽象出来,然后询问:"我用什么方法去假定在我之外的某一对象",那么这正好像我首先作为男人而从女人抽象出来,首先不去想到女人,然后问道:"我怎样去假定在我之外的另一性别,女人呢?"这种问法当然是奇怪的,因为我所以是男人,当然是因为有女人存在,——男人不仅是 a posteriori,还是 a priori,男人从自己存在的最初到最后的基础来看,都是与在我之外的实体发生关系的实体,并且撇开这种关系便什么都不是。而我只是因为我的实体自在地和自为地、天生地和无意识地、亦即前理性地以作为自己存在的基础的另一实体为前提,我才借助于理性,把在我之外的异性实体,思想为我的性的感觉的基础。我对在我之外的物的理性推测只是这种物质前提的结果。存在先于思维。我在思维中意识到的只是没有经过思维我已经是的那个东西:不是似乎不以任何东西为根据的实体,而是根据于其他实体的实体。

可是,看上帝的面上,怎么把这种不信神的性的区别同神圣的灵魂、同绝对的自我联系起来呢?当然,没有东西同绝对的自我联系起来,因为在绝对的,即抽象的自我中,我抽掉一切区别,从而也抽掉性的区别;但是对实在的、存在的自我来说,又是另一回事。实在的自我只是女性的或男性的自我,而不是任何无性的自我,因为性的差别不局限在性器官的差别上(只是在这种情况下我才有理由把性的区别抽掉),这一区别渗入到骨子里,它是无所不在的、无止境的、无始无终的。我只是作为男人或女人来思维和感觉,因此我把如下两个问题并列起来是完全有理由的:世界是我的观念和感觉,还是在我之外存在的呢?女人或男人是我的感觉还是在我之外存在的实体呢?

但是,唯心主义者又会惊慌地叫嚷起来,看上帝的面上,怎么能把纯洁的思辨的客体同愿望、满足、爱情的对象并列起来呢?为什么不能?难道光对于眼睛来说不就是愿望和满足的对象,难道对触觉能力来说,被触的东西不是满足和愿望的对象?难道对我们来说,手只是对待异性的"温存抚爱时的逗人的伙伴"?难道当我们抚摸在我们之外的犬、猫、马、甚至无生物的时候,没有感到愉快？难道婴孩不想得到他所看到的东西？因此,对他来说,唯心主义的视觉的对象不是同时也是实在论的或唯物主义的贪心的对象吗？

唯心主义的根本错误在于:它只是从理论的角度提出并解决关于客观性和主观性的问题、世界的现实性或非现实性的问题[①],同时世界却原来而且首先只是因为它是希望——希望存在和希望占有的对象,所以才是理性的对象。相反,在这方面,宗教人物看得比较正确,他不是从理性,而是从上帝的意志和爱得出世界的现实性和对象性。实际上,不是理性,而是爱要求在本人之外的本质,因而不仅要求观念中的东西,而还要求现实的、真正的、肉体的,就像性爱令人信服地证明的那样。给我创造孩子,如果你不创造——我就要死了！孩子当然首先只存在于母亲的腹中,但是这一奇妙存在的本质意义和愿望,本身目的和对象是同叔本华的哲学直接相反的:他的目的是在腹外的存在。但是利己主义的语言没有关于性爱的语言那么有力和明晰。视觉神经的利己主义说:"给我创造光;如果你不创造,我就要死了！"渴和饿的利己主义说:"给我创造水,给我创造食物;如果你不创造,我就要死了！"

如果猫看见的老鼠只在它的眼睛中存在,只是它的视神经的感受,为什么猫用爪子去抓老鼠,而不去抓自己的眼睛呢？因为猫不想因为爱戴这些唯心主义者而去死于饥饿,并且忍受痛苦;因为

---

① 这里从"唯心主义的根本错误在于……"开始的这段话是列宁的译文。——俄文编者注(译文见《唯物主义和经验批判主义》,参阅《列宁全集》,第14卷,人民出版社版,第142页)

没有老鼠的存在、没有对象，它感觉到本身存在的空虚和无意义；因为，为了克服自我的无对象性和无内容性的不可忍受的空虚和为了掌握客观性的真理，它除了主观的器官、感觉以外，还有非感觉的客观的器官——运动神经、骨和肌肉。

"但是难道猫不咬死老鼠吗？意志对客体的关系一般不就是否定和消灭的关系吗？唯心主义者不正是用这种关系作为证明客体的无意义的出发点吗？"固然，猫是要咬死老鼠的；但是它只咬死几只老鼠，而不是所有的老鼠，因为如果它把所有可以作为食品的动物客体都消灭，它就会消灭自身；因为要使自身有活下去的可能，它必须使别的生物也生活下去。然而，不用说主体的轻率行为以客体的大规模繁殖为其破坏欲的界限，——我把对象攫为己有和消灭对象的愿望的力量是不是同时是对象控制我，我从属于对象的表示呢？愿望的力量是否也说明如下情况呢？即对我来说，对象是极为必要的，我所以能生活和存在，只是因为我对作为我的利己主义的客体的对象的关系不仅是否定的关系而且是肯定的关系，不仅是统治关系而且是使我不得不感恩的那种臣属关系。

我不能吃我感觉厌恶的东西，其理由正像我不能同厌恶的人发生性的关系一样，因为饮食也是结合，是血肉的混合；因为不仅是性欲的对象，就是自我保存愿望的对象也与我们有极其密切的关系；这就是为什么只有对食物有同嗜的、在嗜好上互不争吵的、友好地食用同一些动物和植物的生物才发生性的关系。我们不享受那些，或者至少不能忍受那些同我们天性相反的东西，不能自己服毒，不让自己中毒，不被毒物所消灭；这明显地证明，主体把客体的本质作为自己意志的极限,我们对客体所能做的既与我们的能力有关,在同样程度上也与客体的能力有关;我们由于我们的胃或意志的"软弱性",只能消化那些由于它们自身的天然性质,能够肯定地被消化的东西,因此,我们只吃能吃的,只看能看到的,只触摸能触摸到的。所以,在同一程度上所谓客体就是客体-主体,正如所谓主体实质上是不可分割的主体-客体一样,也就是说,我是你＝我,人是世界或自然界的人,而猫实际上只是与老鼠有关的猫,以大麻为食物的毛虫是大麻毛虫;吃植物叶子的蚜虫叫作叶蚜虫。因此,关于人或者自我,——在其概念或者在其本质里已经包含了世界的存在,或者在自己之外的"你"的存在,——怎样得出关于自己之外的世界或"你"的观念或者接受这些东西的问题,也就像关于猫和关于叶蚜虫的问题一样。猫怎样去推想在自己之外的老鼠的存在,叶蚜虫怎样去推想在自己之外的叶子?

唯心主义当然也知道和承认这点——它怎么能够拒绝这样明显的真理呢?没有客体就没有主体,没有"你"就没有"我";但是对唯心主义来说,这一使"我"和"你"借以存在的观点只是经验的,而不是先验的,也就是说它不是真理性的观点;不是第一的,也不是主要的观点,而是附属的、引申的、对自我说来自身应被否定的观点;这个观点只适用于生活,而不适用于思辨。但是,这种和生活矛盾的思辨,把死和脱离了肉体的灵魂的观点当作真理的观点的思辨,乃是僵死的、虚伪的思辨[1],是出了母体一吐气、一出声就被

---

[1] 从"这种和生活矛盾的……"起的这段话是列宁的《唯物主义和经验批判主义》一书中的译文。——俄文编者注(参阅《列宁全集》,第14卷,人民出版社版,第142页)

人判处死刑的哲学。因为人用这一哲学用来宣告它的存在的那个喊声本身，同时也宣布了——虽然是无意识地——与它不同的世界的存在。如果在人之外没有任何东西，那么人怎么能够表露自己的感觉呢；如果根本没有其他客观东西的存在，他怎么能够把什么东西客观化呢？如果感觉被关闭在笛卡尔主义的、诺斯替教的、佛教的、虚无主义的本质之内，那么，当然，要想发现从他向客体、向在他之外的某种东西的过渡是不可能的，甚至无意义的；但感觉则是禁欲主义哲学的直接对立物：它忘形于安乐和痛苦；它是喜交际的、多言的、贪图生活和享受的，也就是说，贪图客体的，因为没有客体就没有享受。

"任何一类感觉始终是我们皮肤内部的被局限了的领域，因此，它在任何时候都不能包含在皮肤那一边的，即在我们之外的任何东西"，唯心主义者叔本华这样说，虽然，他也受到唯物主义这种"流行病"的传染。但是，对我们说来，客体不仅是感觉的对象；它也是感觉的基础、条件和前提；在我们皮肤内部的那个领域范围内，我们有客观的世界，而只有这个世界才是我们假定我们体外的那个与客观世界相当的世界的基础。我们"是在我们皮肤内部的那个领域范围内"感觉的，但是是在多孔的皮肤范围内感觉的，而且孔隙之多达到这样地步，以致成人皮肤总的表面上至少有七百万个气孔（也就是通到皮肤的彼方去的出路）。我说：皮肤上有七百万个气孔，我们通过这些气孔进行呼吸，而此外，在皮肤之下，在只是用来呼吸的特殊器官中，即肺中，至少有充满了空气的六亿个细胞。呼吸是什么呢？它无非是我们的血同外界大气的血肉混合，特别是我们的血同空气中的氧的结合。但是肺不是感觉器官；

我们通过皮肤和肺呼进来的那些空气也不是我们神经的感应,不是我们的感觉或是观念。我们接受到自身中的是实在的空气,而且是物质地、客观地、化学地接受的。我们在看、听、触、嗅、尝味以前就做呼吸;我们所以呼吸,因为没有呼吸就不能活,也不能感觉。没有呼吸就没有氧,至少对我们说来和在我们身体中没有氧;没有氧就没有火,没有热;没有热就没有感觉,没有热情。我们只是在神经紧张状态中感到感觉和激情的火焰,这不是诗的句子,而是明显的可以用温度计来测出的真理。几乎所有古代语言和所有这些语言的思想家都正是把灵魂、精神、生命的原则同空气、以太(空气的最稀薄的、最上的一层)等同起来,与热和火等同起来。

空气是感觉和生命的第一需要;我们靠空气生活,但不是单靠空气生活,还靠无数其他的物和物质;我们不仅呼吸,我们也吃和喝。我们所喝和所吃的东西,我们必须看到、听到、嗅到和尝到。但是我们不限于只有这些感情关系;我们还用我们的不懂美感的牙齿咬碎和咀嚼食物,不仅为了尝它的味道——这里味道以及其他感觉都只是手段,——而且为了把它正式消化,使它变为肉和血,把它的本质变为我们的本质。我们借助于在我们之外的同类而不同性的生物来生产在我们之外的类似我们的生物;借助于其他类的生物(我们通过我们摄食的器官同这些生活混合起来的)我们再生产我们自己。但是无论在第一种意义或是在第二种意义上,生产的过程都是实在的、真正的、有感性根据的过程,而不是主体和客体的先验的、虚幻的同一。难道饥渴不是莱布尼茨所说的vinculum substantiale(实体联系)吗?虽然莱布尼茨只是想到这种联系而不了解它,也没有证明这种联系的真实性和实在性。难道它不是经历或忍受饥渴的实体同与这种感觉相应的、消除这种苦痛的其他实体之间的本质联合吗?感觉是客观救世主的福音、通告(Verkündung),否认这一点,是多么庸俗①。认为感觉不证明和不包含任何客观的东西,这是多么庸俗!难道饿和渴的感觉是空洞的和无对象的?渴不就是水不足的感觉吗?唯心主义者说道:"我感觉到的只是我自己。"当然,如果我觉得渴,我也就感觉到我自己;但是我只是作为一个因为无水而极度不充满的、不幸的生物,因而也作为需要水的、能感觉到并且证明水的必要性(虽然只是对我说来)的生物,才有这种感觉。

我的感觉是主观的,但它的基础或原因(Grund)是客观的②。我觉得渴,因为在我之外的水是在我之内的我的本质的组成部分,是我的存在和感觉本身的基础或条件;我说基础或条件,因为水不是唯一的充分的基础,而只是许多其他条件之一,至少是生存条件,但不过是这样的一个条件。因此,没有水就没有感觉,首先没有需要水的感觉,因为,如果根本没有水,也就没有渴,首先也没有安乐的感觉。安乐无非是主体和客体的同一、统一。因此,饥与渴是痛苦的感觉,是不健康的感觉,在这里那种统一被破坏了;没有喝的、没有吃的,我成了半个人而不是完整的人。为什么只是半个人呢?因为,我所吃所喝的东西是我的

---

① 这句话是列宁的译文。——俄文编者注(译文见《唯物主义和经验批判主义》,参阅《列宁全集》,第14卷,人民出版社版,第129页)

② 同上。——俄文编者注

"第二个自我",是我的另一半,我的本质,而反过来说,我也是它的本质。因此,可喝的水,即能够成为血的组成部分的水是带有人的性质的水,是人的本质,正是因为人本身至少有一部分是具有含水的血和本质的含水的生物。食物和饮料是日常的、因而不引起惊异的、甚至可鄙的、自然界的体现和人的形成。但是食物只是由于我们在安乐感觉中所显现的主体和客体的同一才成为人。为什么人在自己的菜肴里加上盐?因为没有盐不合口味,不好吃。为什么不合口味?归根结底,因为盐是安乐,即真正健康情况所必需的,是我们的血液的组成部分。这么说,什么东西促使人去吃盐,什么引起我们所必需的盐和在我们之外的实际的盐之间的联合和 vinculum substantiale(实体联系),从而,什么引起主体与客体之间的联系呢?没有盐的不安乐的感觉;我说感觉,而不是本能,因为我把本能一词只用来指不能认识的和未被承认的感觉的本质。

愤怒的唯心主义者大叫大嚷地说:这样说来,在研究世界的观念性或实在性的问题时要讨论饮食问题吗?多么卑下!在哲学和神学的讲坛上竭力谩骂科学的唯物主义,而在公共餐桌上实地运用最粗俗的唯物主义,这个良好的习惯遭到多么严重的破坏呵![①]这里仅仅是关于感性感觉——听觉、视觉的问题。这些感觉,正如它们的对象——声、光一样,只是主观的,只是神经或脑的感应,——这不但是哲学家这样说、这样证明,现代的生理学唯心主

---

① 从"这样说来……"起这段话是列宁的译文。——俄文编者注(译文见《唯物主义和经验批判主义》,参阅《列宁全集》,第14卷,人民出版社版,第142页)

义者也是这样说、这样证明的①。"这是完全没有关系的",例如,弥勒在他的《论视觉比较生理学》中说道:"刺激用什么方式作用于感官是完全没有关系的;它们的作用永远是感官本身的能。压力、振动、摩擦、冷和热、电疗和通电、化学试剂、自己身体的脉搏、网膜炎,最后,眼睛同身体其他部分的交感,简言之——一切可以设想到的能够以任何一种形式作用于视觉实体上的刺激都只能以这样的方式对它起作用的:这些刺激使它的潜能,即它在没有刺激时也有的对黑暗的感觉,活动起来,使潜能变为能,变为对发亮的、带色彩的东西的感觉。""因此,那种按照穿过透明质到达网膜的本身运动规律引起视觉能的不同感应的东西和被称为光的东西,不是产生光的感觉和颜色感觉的最重要的和主要的刺激,而是许多具有共同性的其他刺激中的最通常的一种刺激,这些其他刺激在眼睛中唤起与它们本身不同的、属于感觉本身的光觉。"

对其他所有光的现象说来,光真的仅仅是最通常的刺激,而不是最重要的、正常的、主导的、决定性的刺激吗?这种思想怎样同常识相符合呢?视觉器官只对光发生感应,只是为了接受自然界的光;光是它的唯一的东西,也是它的一切;它只是为了光而存在,因此对它说来,所有其他东西也只是光,或者换句话说,每一个印

---

① 此处及以下一段是费尔巴哈反对弥勒的生理学唯心主义的。列宁在《唯物主义和经验批判主义》一书中说明弥勒的唯心主义的特征时写道:"费尔巴哈非常准确地抓住了自然科学家的一个学派的这种'生理学唯心主义'的倾向,即用唯心主义观点解释某些生理学成果的倾向。"——俄文编者注(参阅《列宁全集》,第14卷,人民出版社版,第321页)

象，不管是哪一类，都是作为光的感觉被接受的。但是正是因此，虚幻的或者一般主观的光觉同客观的光觉具有不同的意义：前者从属于后者，必须从后者引申出来。如果我没有借助于上帝的光，实际上看见过火、火花和火焰，我怎么能够把没有外界的光而发生的视觉感应，感受和确定为火堆、火花和火焰呢？① 我怎么能够把不经过眼的视觉活动的、我本人所有的、主观的光现象同我通过眼睛这一确定的、显然的光的客观器官才产生的光现象同等看待呢？不通过视觉活动的光，等于没有外界的光的光，这种光是不发亮、不能照明的，只有我能感觉到而别人不能感觉到的这种光，借助于这种光我本人却什么也看不见，什么也感觉不到。因此，这种主观的、对谁都没有用处的，模仿性的光，同真正的普照的光有霄壤之别，在真正的光中我不仅看见，而且被看见，在这种光中，我不仅是视觉的主体，还是视觉的客体。

然而不是我，不！有区别的，但仍然是不可分割地联系着的"我"和"你"，主体和客体，——这是思维和生命、哲学和生理学的真正原则。"我"同"你"之间的区别是虚幻的光和真正的光之间的区别。没有太阳光的神经的光就像没有"你"的"我"，没有男人的女人，反之亦然。把光的主观感觉同客观感觉等同看待，就等于把

---

① 如果生来就瞎的人或者出生后不久就瞎了的人（即是那些可以被设想为与生来就瞎的人一样的人），真的宣布他们看到虚幻的形象，那么，在由此得出关于盲人内部虚幻视觉现象的结论以前，必然还应该自己问一下，这些宣告是否由于不盲的人的启发性问题而产生的？天生就盲的人是否自己知道他是盲的，他是看不见的？如果没有看的能力，能不能够知道什么是看，如果你不知道什么是光，能不能知道，什么是黑暗？因此，如果人们说，生来就盲的人至少有关于内部视觉空间的黑暗感觉，那么这是否是在用不盲的人的感觉去解释盲人的情况？——著者

遗精和生孩子等同看待①。即使没有异性，我在各种原因的影响下也感觉到性的刺激，然而所有这些刺激，即使没有异性在场，没有同异性接触，都只是同异性有关的；至少当人是健康的，没有陷入恶癖或病态倾向的时候，他每次只是在异性的形态下，只是在想象异性时才感觉到性的刺激。再没有比性的感觉更主观的感觉了，然而，也再没有其他的感觉像它那样更活泼地、有力地要求与之有关的对象的存在，因为每一个单方面的性的刺激是只能代替异性的刺激，是秘密结婚的刺激。为什么对单方面的光感觉不是这样或者至少类似这样地看呢？如果被性关系所激动了的人甚至从其他的中性的或非性的刺激，即使仅仅握一握手，也感到性的刺激，那么为什么对光极敏感的、渴望着光的视觉神经或一般的视觉不能感觉到机械压力或其他印象，即甚至在任何非正常的刺激下，都不能把自己的正常的自然功能、它的感光功能显然表现出来呢？极度的渴甚至把自己的尿变为饮料。但是谁就因此而把这个自造的、从我们肾脏分泌出来的水同天然泉水等同起来，谁会由此得出结论说，水只是我们的渴，亦即我们对水的需要的最通常的、非正规的、同自然界不相适应的对象？

但是，即使同意光只是视觉的"能"、产物或制品，仍然必须立即加以这样意义上的限制，即是这里所说的仅仅是指那个本来只是自己本人视觉对象的光，因为对我们来说，也还有以别种形式存在的光：它也是触觉的客体（例如使人感到痛的耀眼的光），也是我

---

① 本句后半段是列宁的译文。——俄文编者注（译文见《唯物主义和经验批判主义》，参阅《列宁全集》，第14卷，人民出版社版，第142页）

们安乐的感觉、我们追求健康和幸福的愿望的客体。植物只在光之下吐出我们的生命之气——氧气；光加速血液循环，促进新陈代谢；空气不足，"黑暗的住所引起苍白的萎靡和虚胖"（摩莱萧特：《光和生命》）。没有光，至少对我们来说，也就没有生命，没有存在，更谈不到健康的和幸福的存在。这就是为什么视觉器官本身同触觉神经和运动器官联系着的原因，而通过这些神经和器官，我们按照我们的意志的需要和情况，即是我们追求幸福的愿望，可以张开和闭起眼睛；在前一种情况下是为了把光放进我们的肉体内，在后一种情况下是为了使光停留在我们肉体的范围外，至少在我们的网膜的范围外；因此，可以证明，虽然光是为了视觉并且在视觉本身中存在的，以致感觉可以像裁决自己的案件的法官那样大胆地认为："光即是我"，然而光对于其他大公无私的器官和感觉说来仍然存在于视觉器官之外。因为有人从化学作用中得出这样结论，有不能像光一样被感觉到的那种不可见的光线，因为它们是在红色和紫色光线的那一边，即在红色和紫色光线的界限之外。①

---

① 但是为什么一般在关于感觉的实在性或同一性、对象性或非对象性的问题上，不提出生物或肉体的主要感觉，不提出触觉而只提出视觉器官的表面的、似是而非的感觉作为出发点和范例呢？在片面的视觉中甚至存在着精灵和幻影，但是在触觉中没有这些东西。因此甚至在圣经中，复活了的神人告诉他的门徒们不但要"瞧"我，而且要"触摸"或者感触我，以便相信我不是精灵，"因为精灵是没有骨肉的"。因此，可以写出关于虚幻的视觉现象的书，但是决计写不出关于虚幻的触觉现象的书。弥勒在他关于虚幻的视觉现象的著作中说道："虚幻的触觉在梦中是颇为常有的，但是一般是稀少的。但是有人谈到一个患痔疮的老人，说他有时发生这样的情况，好像谁抓住他的肩头，等等。在疯子那里，这种情况是很常见的。"但是疯子和睡着的人的这些虚幻的触觉是决不能归罪于触觉本身的。——著者

图书在版编目(CIP)数据

论唯灵主义和唯物主义：特别是从意志自由方面着眼/(德)费尔巴哈著；张大同译. —北京：商务印书馆，2022(2024.10重印)
(费尔巴哈文集；第8卷)
ISBN 978-7-100-20154-4

Ⅰ.①论… Ⅱ.①费…②张… Ⅲ.①唯灵论—研究 ②唯物主义—研究 Ⅳ.①B089 ②B019.1

中国版本图书馆CIP数据核字(2021)第144561号

**权利保留，侵权必究。**

费尔巴哈文集
第8卷
**论唯灵主义和唯物主义**
特别是从意志自由方面着眼
张大同 译

商 务 印 书 馆 出 版
(北京王府井大街36号 邮政编码100710)
商 务 印 书 馆 发 行
北京盛通印刷股份有限公司印刷
ISBN 978-7-100-20154-4

2022年7月第1版　　　开本787×960　1/16
2024年10月北京第3次印刷　印张10¼
定价：68.00元